FORTIFICATIONS

DE PARIS.

Everat, imprimeur, rue du Cadran, n° 16.

FORTIFICATIONS

DE PARIS.

CONSIDÉRATIONS

SUR

LA DÉFENSE NATIONALE

ET SUR

LE RÔLE QUE PARIS DOIT JOUER DANS CETTE DÉFENSE.

Paris est la place forte de la Révolution, la ville commune de la France. *Moniteur*, 1793.

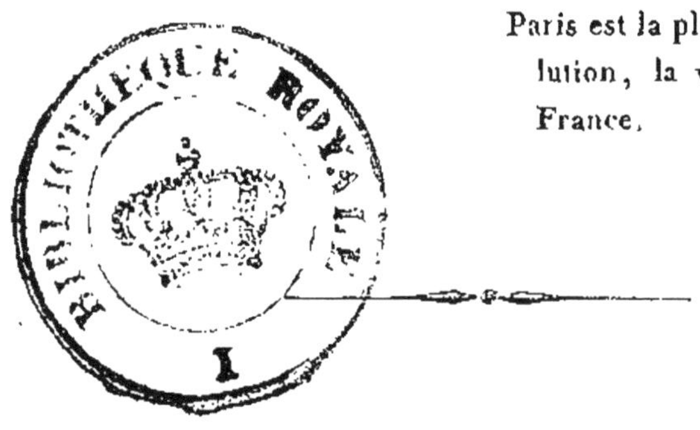

PARIS.
A LA LIBRAIRIE DE PAULIN,
PLACE DE LA BOURSE.

1833.

CHAPITRE PREMIER.

INTRODUCTION.

La révolution française est venue jeter en 89, dans la société européenne, un principe qui doit un jour en changer les bases.

Ce principe, qu'on est convenu de résumer sous son expression la plus simple : la souveraineté du peuple, n'a point encore acquis tout le développement dont il est susceptible ; mais il a une puissance morale immense, c'est le principe-roi, à qui appartient tout l'avenir de la société ; c'est l'expression de la volonté de Dieu, dont le peuple se proclame désormais l'instrument volontaire : *vox populi vox Dei.*

Sans vouloir expliquer la valeur affirmative de ce principe, il suffit d'exprimer sa valeur négative pour montrer dès aujourd'hui la certitude de ses résultats.

Le principe de la souveraineté du peuple, en effet, ne permet à aucun gouvernement d'autre base légitime que l'intérêt et la volonté du peuple.

Or, le peuple, c'est le plus grand nombre, c'est tout ce qui compte dans le chiffre d'une population; et tous les gouvernemens européens sont fondés sur un droit particulier qu'ils se reconnaissent seuls, ou que leur reconnaît une aristocratie qui compte le peuple pour rien, et qui se regarde comme ayant un droit au-dessus de lui.

La souveraineté du peuple au contraire ne reconnaît d'autre droit que celui du peuple, c'est-à-dire un droit égal pour tous.

Le droit aristocratique entend par la souveraineté l'union forcée de toutes les facultés, dans le but de la satisfaction de quelques-uns.

Le droit populaire entend par la souveraineté l'union libre de toutes les facultés, dans le but de la satisfaction la plus complète de tous.

Il y a donc guerre à mort entre ces principes qui peuvent se résumer sous ces deux mots : égoïsme et dévouement.

On conçoit cependant que si l'un des principes fait à l'autre un sol, dans lequel il veuille bien lui permettre d'exister, où il le parque en l'entourant d'un cordon sanitaire pour l'empêcher de porter la contagion au dehors ; on conçoit, disons-nous, qu'ainsi séparés, ces deux principes puissent exister chacun dans leur zone.

Mais alors, plus de relation d'aucune espèce, plus d'échange intellectuel, ni industriel ; car sous chaque livre, sous chaque lettre, sous chaque ballot, il se glissera une idée, et cette idée ira directement s'attaquer au principe contraire.

Or c'est ce qui arrive en Europe.

L'Europe en effet était avant 1789 sous l'empire d'un droit public qui reconnaissait la légitimité de toutes les souverainetés existantes, quand la révolution est venue nier ce droit, en consacrant un principe nouveau ;

aussi, dès son apparition, tous les souverains de l'Europe, par un instinct très-naturel, se sont unis pour l'étouffer à sa naissance.

L'histoire des quarante dernières années n'a été autre chose que le drame de la lutte entre ces deux principes.

La révolution de 1830 est venue de nouveau reprendre le principe de 1789, le proclamer et l'inscrire dans le droit public de l'Europe, c'est-à-dire nier ce droit public et en rompre l'équilibre.

A l'apparition de ce nouveau phénomène politique, tous les souverains ont tremblé sur leurs trônes, tous les peuples ont espéré, car la France avait parlé ; quelques-uns même lui ont répondu, mais leur voix a été promptement étouffée.

En effet, le gouvernement que la France s'était donné ne reconnut dans ce principe qu'une seule chose : le droit qu'avait la France de l'instituer, lui gouvernement, et dès lors toute sa politique fut de se conserver. De la France, de sa nationalité, de sa volonté exprimée, il n'en fut plus question.

L'égoïsme fut donc le premier sentiment de ce gouvernement, et, par une conséquence toute naturelle, il chercha la main des souverains qui gouvernaient d'après un principe semblable : il se nomma aux souverains étrangers, au lieu de nommer la France.

Le gouvernement, en parlant aux souverains étrangers au nom d'un droit public qui niait le principe du droit politique français, n'a pu gagner pour ami aucun de ceux à qui il s'adressait, et il s'est donné pour ennemis en France tous ceux qui tiennent à ce principe, et qui le regardent comme la base de l'existence sociale.

Les peuples étrangers, qui en vertu d'un droit aussi sacré que celui du peuple français avaient adopté et appliqué le principe de la souveraineté du peuple, ont été écrasés par leurs ennemis naturels, leurs souverains, qui ont accompli sur eux l'acte de conservation personnelle, qu'ils auraient essayé d'accomplir sur la révolution française elle-même, s'ils n'avaient été arrêtés par la crainte de sa réaction.

Le gouvernement vit donc périr tous ses vrais amis, et il n'en gagna aucun parmi ceux qui les ont tués; car l'égoïsme n'aime que ceux qui lui sont utiles, et hors de là il n'a que deux sentimens : peur et haine; dont le premier tient la bride au second; et c'est là le seul équilibre qui existe en Europe.

Tous les gouvernemens étrangers haïssent le gouvernement français; mais ils ont peur de la France. Le gouvernement français a peur du peuple français et des souverains étrangers, et il cherche à immobiliser le présent.

Une situation pareille peut-elle durer longtemps? Nous ne le croyons pas, et c'est pour cela que nous publions ce livre; car il est d'un bon patriote de consacrer ses facultés à rechercher tout ce qui peut être utile à son pays, et de faire part à ses concitoyens du résultat de ses recherches.

Or la France aujourd'hui est sur la défensive; il est donc important de rechercher quels sont les meilleurs moyens de la défendre : c'est en effet, aujourd'hui, l'indépendance de la France qui est en question, et maintenant que son gouvernement a réussi à amortir complétement l'élan de nationalité de 1830; maintenant qu'il a laissé les gouvernemens étrangers étouffer les amis que nous avions au dehors; maintenant que tous nos ouvrages avancés ont péri, et que l'ennemi est sur la contre-escarpe, il faut bien penser à fortifier nos réduits. Ne semble-t-il pas, en effet, qu'il en soit de la France comme d'une place qu'on assiége?

Lorsque la réapparition du principe révolutionnaire français eut lieu en 1830, les souverains étrangers, pleins de la leçon de la révolution précédente, se contentèrent d'observer celle-ci; mais ils commencèrent l'attaque des points qui en empêchaient l'investissement. Le principal de nos ouvrages avancés, la Pologne, fut pris et détruit; la seconde parallèle fut ouverte par l'Autriche et la Prusse, contre l'Italie, la Suisse et la Belgique; la confédération ouvrit la troisième parallèle en Allemagne, et la fit taire après quelques heures de feu; maintenant on s'occupe de couronner le chemin couvert, et notre fossé le Rhin, nos bastions, les Vosges, le Jura, les Alpes et les Pyrénées, nous séparent seuls de l'ennemi, qui, de tous côtés, prend ses précautions pour compléter l'investissement.

L'Autriche a les forts de Bregentz pour plonger dans la Suisse, et menacer à la fois les vallées du Rhin, du Danube et du Pô ; la route de Coire pour arriver sur ce dernier fleuve et sur le Rhône ; les forts du Piémont, pour déboucher sur le Var ou l'Isère ; la Prusse et la confédération ont Mayence, Ehrenbreistein et Landau, pour surveiller le Rhin ; Maëstricht, pour déboucher sur la Meuse ; Sarre-Louis, Luxembourg, pour s'assurer des Ardennes et des vallées de la Sarre et de la Moselle.

Quant à nous, il ne nous reste plus rien, car, par une *fatalité inconcevable*, le gouvernement a laissé échapper Maëstricht, en signant le traité du 15 novembre, et abandonné Huningue en adoptant celui de 1815.

Désormais, rien ne peut plus empêcher l'ennemi d'arriver à Paris en dix jours de marche, et à Lyon en six, il est donc indispensable de fortifier ces deux villes.

Si nous nous étions liés énergiquement aux révolutions de Belgique et de Suisse (pour ne pas parler de celles qui n'étaient pas frontières), cette nécessité n'eût pas eu lieu, peut-être; mais aujourd'hui le théorème est ainsi posé par le gouvernement, et il devient, malgré nous, la base du raisonnement.

Cette question est donc une question politique, autant qu'une question militaire, et cet écrit a pour but de l'envisager principalement sous ce double point de vue.

Il s'adresse à tous les hommes de bonne foi, à tous les patriotes qui, placés hors de la sphère des partis, ont dans le cœur un sentiment profond d'amour de la patrie; non ce sentiment égoïste qui veut que la France soit exclusivement grande et puissante aux dépens des autres pays; mais ce sentiment qui naît de la conviction intime que la France a une grande fonction à accomplir pour le bonheur du monde, et qu'elle est appelée à préparer l'œuvre de la régénération européenne.

A ces hommes, qui sont probablement jeunes comme nous, on a dit souvent qu'ils penseraient autrement qu'ils ne pensent s'ils avaient vu la révolution ; mais s'ils n'ont pas été témoins de cette révolution dont le résultat pour eux est le salut du pays, ils ont vu deux invasions, suivies de deux restaurations, et leur choix n'est pas douteux, ils n'en veulent pas revoir d'autres. Ils trouveront ce sentiment à chaque page dans ce livre ; ce sera, au moins, son mérite à leurs yeux, à défaut d'autre.

CHAPITRE II.

DU RÔLE ET DE L'IMPORTANCE D'UNE CAPITALE DANS LA VIE SOCIALE D'UN PEUPLE (1).

Dans la vie collective de l'humanité, chaque peuple a une fonction qu'il exerce dans un but général et commun, donné à l'activité humaine.

C'est ce travail d'ensemble qui sans cesse étend le domaine de l'esprit humain, et qui

(1) Ce chapitre est presqu'entièrement extrait d'articles qui ont paru dans le journal *l'Européen*, nos 34, 36, 37 et 38.

associe chaque individu aux conquêtes morales et matérielles de tous.

Depuis l'existence misérable d'une horde de Papous jusqu'aux grandes nationalités qui ont vécu et vivent encore sur la surface du globe, tel est le but de toute société humaine.

Chaque peuple, chaque nation fait ainsi partie d'une immense échelle d'unités sociales, où chacun apporte sa part au travail commun. Cette part, dans l'accomplissement des destinées humanitaires, telle est la fonction d'un peuple.

C'est par l'unité de loi qu'il parvient à l'accomplir; c'est-à-dire par la direction commune donnée à tous les actes sociaux.

Pour que cette communauté existe, il faut nécessairement que toutes les passions, toutes les pensées, tous les intérêts aient un même but qui domine toutes les individualités, et les pousse au même résultat.

Ce qui constitue une nation, en effet, ce n'est pas seulement la communauté de langage, de moeurs, d'intérêts, de territoire, la forme de son gouvernement, mais bien l'unité de loi, ou l'ensemble des institutions sociales.

Car un peuple c'est un homme qui sent, pense et agit comme un seul individu; les institutions sont ses organes, qui fonctionnent comme les diverses parties de l'organisme humain.

Et de même que dans l'individu il y a un centre commun où converge la sensation, et d'où diverge la volonté; de même il y a dans le corps social un centre qui forme le lien entre toutes les institutions qui fonctionnent dans l'ensemble, un centre qui reçoit toutes les impressions, pour en former le domaine de l'intelligence commune, qui, de là, se répand sur tous les points de l'activité sociale.

Ce centre commun, cette tête du corps social, c'est la capitale.

C'est là que s'élabore toute la pensée d'une nation, c'est là qu'elle reçoit cette impulsion puissante qui lui donne une valeur, en reportant à tous les points du cercle l'expression commune donnée à tous les sentimens et à tous les intérêts qui sont venus converger vers ce centre social.

Dès lors, de l'influence d'une capitale naît

la puissance d'une nation ; c'est-à-dire toute l'énergie d'exécution donnée à la fonction qu'elle accomplit dans les destinées communes de l'humanité.

Un coup-d'œil rapide sur l'histoire nous fournira la preuve de ces principes.

Ces grands empires, dont la prospérité presque fabuleuse remplissait l'univers, lorsque la Grèce sortait à peine de ses forêts, ces empires si puissans ne nous sont connus aujourd'hui que par le nom de leur capitale ; et Babylone et Ninive restent encore dans les souvenirs du monde comme des monumens impérissables de la grandeur de ces états.

Si la Grèce, après des efforts de résistance inouis, n'a pu faire réagir au dehors ces forces morales qu'elle renfermait dans son sein, c'est que la Grèce avait plusieurs capitales, et qu'elle manquait d'unité ; elle consuma toute son énergie d'intelligence et de courage à résister à ses ennemis du dehors, ou à se créer des ennemis au dedans, par la rivalité des cités ; et si, plus tard, Alexandre mena la Grèce à la conquête de l'Asie, cette unité, qui ne résidait qu'en lui, ne put se réaliser dans les résultats de ses victoires, et sa conquête se morcela en une multitude de fragmens, sans qu'il pût se former un état grec, car il n'y avait pas de capitale grecque ; et cependant Alexandre avait le sentiment de la puissance morale d'un centre commun, car il s'écriait au milieu de ses conquêtes : « O Athéniens, que ne fais-je pas pour mériter vos applaudissemens ! »

C'est à Rome qu'il faut chercher l'unité antique : Rome naissant dans un coin ignoré du globe ; Rome obligée de disputer sa vie de cité à d'obscurs voisins, mais sentant le besoin de l'unité de loi, allant en mendier le type en Grèce, et, plus sage que son modèle, étendant peu à peu ce type à ses conquêtes, de manière à lier successivement tous les peuples connus à ce grand centre où s'opéra le développement d'une loi unitaire, ce centre dont la puissance morale était telle qu'elle trouvait dans la conquête elle-même des instrumens de conquêtes nouvelles (1).

Plus tard, lorsque Constantin voulut donner

(1) *Rome*, dit Montesquieu en parlant des étrangers, *Rome les recevait esclaves, et les rendait Romains.*

un nouveau centre à l'empire, il fonda une capitale, et cette création n'eut d'autre résultat que de diviser en deux l'empire, et de donner au nouveau pouvoir moral qui s'élevait sur le sol que lui avait fait le pouvoir militaire romain, un centre d'où il divergea peu à peu sur toutes les parties de ce sol reconquis de nouveau par la parole.

Sur ce terrain du pouvoir spirituel nouveau s'établirent diverses souverainetés temporelles, dont la plupart périrent, parce qu'elles n'avaient pas de capitale, ou parce qu'ayant une capitale, l'unité de loi leur manquait.

Ainsi, la ligue lombarde, si puissante au treizième siècle, tomba parce qu'elle n'était qu'une assemblée de cités sans capitale, sans lien unitaire. La ligue anséatique tomba par la même raison; Venise et Gênes, ces grandes républiques périrent parce qu'elles présentaient l'anomalie d'un état avec une capitale, mais sans unité de loi.

L'Espagne étendit sa puissance d'un bout du monde à l'autre; mais on cherche vainement dans cet empire l'unité, la capitale, et l'on sait ce qu'il est devenu.

L'Empire a long-temps lutté contre les nécessités mêmes de son existence politique, l'absence d'unité et de capitale, et c'est à cette circonstance que l'Allemagne doit cette situation si désolante d'une nationalité en lambeaux, qui cherche en vain à construire son unité, et ne peut y parvenir.

L'Angleterre, au contraire, a dû sa puissance, non à la forme de son gouvernement parlementaire, mais à la loi unitaire qui en émane, et à la capitale où il siége.

Quant à la Russie, c'est une unité toute jetée au moule, et on voit ce qu'elle produit.

Mais c'est dans l'examen de la nationalité française qu'on peut voir l'influence d'une existence unitaire qui se comprend elle-même, et qui marche avec la conscience et la volonté de sa fonction.

Seule, en effet, de toute les nationalités fondées par le principe chrétien, la France a maintenu ce rôle important qui lui était réservé, de résumer en elle l'unité de la loi chrétienne, et de lui donner une valeur politique qui pût en accomplir le développement, et c'est à l'influence de sa capitale qu'elle le doit.

Long-temps, en effet, la nationalité française se débattit contre la division du pouvoir au dedans, et contre les attaques de ses ennemis au dehors; son procès fût jugé du jour où de Paris, comme centre, elle put reconquérir successivement toutes les portions éparses qui lui appartenaient par la langue et par les mœurs, et que, de ce centre, elle put faire découler l'unité de loi sur toutes les parties de l'ensemble.

Les souverains de la première race étendirent plus ou moins les limites de la conquête franque; Charlemagne les recula jusqu'aux confins de l'Europe; mais cette conquête ne tourna qu'au profit de l'unité morale, et l'unité temporelle qu'il avait fondée se fractionna faute d'un centre et d'une volonté commune. Ce fut à la suite de ce fractionnement que commença à se dessiner l'unité française, et qu'elle se sépara des autres portions de l'empire franc.

Ce fut alors que le langage français prit

naissance, que l'Université de Paris se fonda, et que Paris résista aux Normands, sous la direction de son seigneur, qui devint le chef des seigneurs francs.

Dès lors le pouvoir moral de Paris fut fondé, et lorsque son seigneur fut élevé sur le pavois, et que les autres pouvoirs se groupèrent autour de lui, il y eut véritablement un centre à la nationalité française, qui dès lors marcha à son but, et l'accomplit malgré tous les obstacles.

En vain plusieurs seigneurs essayèrent-ils de changer le centre; la monarchie française avait établi là son sacre et son tombeau; dès lors elle avait une base assurée, et elle y resta tant qu'elle fit bien les affaires du peuple français.

C'est de ce centre commun que rayonnèrent toutes les institutions qui successivement vinrent fonder l'unité française, et que furent tracées tant de circonférences concentriques qui devaient agrandir le terrain de cette unité.

Lorsqu'on peut s'élever au-dessus du détail et contempler les faits du point de vue de l'unité, ne voit-on pas en effet que c'est à cette concentration successive des diverses facultés sociales vers un centre commun, que la France a dû cette puissance d'intelligence et d'action, qui a eu tant de résultats utiles pour le bonheur du monde ?

N'est-ce pas à Paris que l'on doit cette précieuse nationalité, qui fait du peuple français comme un seul homme, dominé par une seule et même pensée, agissant dans un but unique?

N'est-ce pas Paris qui a préservé la France de ce fédéralisme qui énerve et détruit les empires, et arrête le progrès, en consumant les forces sociales dans des luttes partielles et sans résultat?

N'est-ce pas à Paris que, dans toutes les phases du développement social, l'unité est venue se refondre et se reproduire sous des formes nouvelles?

L'histoire nationale nous en fournit des preuves à chaque pas.

C'est l'établissement de l'Université de Paris qui a donné une si immense impulsion, un si puissant ensemble à l'intelligence nationale; c'est sur son modèle qu'ont été fondées toutes les autres universités, et c'est elle qui a préparé tous les progrès que l'esprit humain a faits en Europe.

La Sorbonne a créé un centre aux idées religieuses, et aurait produit une religion nationale, si, comme l'Angleterre, la France en avait eu besoin, pour fonder son unité politique.

L'établissement du parlement de Paris, rendu permanent sous Charles V, a, sinon entièrement fondé, au moins indiqué l'unité de justice qui s'est progressivement établie par l'influence morale de sa jurisprudence.

En 1355, pendant la minorité de Charles V, au milieu des dangers que courait l'indépendance nationale, une commission permanente des états s'empara du pouvoir; elle était présidée par l'évêque de Paris, Lecoq, et par son prevôt des marchands, Marcel; elle devint toute-puissante à Paris, et hasarda une tentative d'association avec les autres villes de France.

Paris alors sauva la France pour la seconde fois en faisant acte de souveraineté.

En 1557, après la bataille de Saint-Quentin, Paris fortifié devint la citadelle du royaume.

Pendant les querelles de religion, Paris conserva l'indépendance du pays, et quoi qu'on ait pu dire, sa persistance à rester catholique évita à la France ces terribles partages qui ont morcelé l'Allemagne, et qui l'empêchèrent d'être une nation.

La commune de Paris, assemblée en permanence, déclara que le trône n'appartiendrait qu'à celui qui reconnaîtrait la volonté nationale, et force fut à Henri IV d'y consentir : et qui oserait dire, aujourd'hui, que les querelles religieuses sont tombées dans une infériorité si réelle, que les Seize avaient tort !

C'est à Paris qu'éclata cette révolution si bien préparée par toutes les prédications du dix-huitième siècle ; c'est là que fut donné le signal de l'armement général du peuple ; que la représentation nationale trouva un appui qui la fit triompher de la résistance de la cour.

Ce fut l'attitude énergique de Paris qui rendit possible toutes les améliorations introduites par les assemblées, et qui donna le premier élan à ce soulèvement général de la nation contre l'attaque étrangère.

Enfin, c'est à Paris que d'énergiques patriotes, ayant contre eux l'ennemi au dedans et au dehors, ne désespérèrent pas du salut de la patrie attaquée sous toutes les formes, par trahison et à main armée, sous les couleurs de l'ancien régime, du fédéralisme et de l'étranger ; c'est à Paris qu'ils organisèrent la défense nationale, et que, par une énergique résistance, ils assurèrent le triomphe de cette nouvelle phase de l'unité française.

Si, plus tard, Paris, en succombant à l'étranger, a entraîné la France sous un joug qui lui répugnait, c'est que la France fatiguée et épuisée ne pouvait plus soutenir ni défendre sa capitale, et que le siége de la volonté nationale n'y résidait plus. Mais comme un homme qui, vaincu dans une lutte inégale, trouve de nouvelles forces dans le désespoir; Paris, attaqué dans ce qu'il a de plus sensible, dans son intelligence, s'est levé contre la tyrannie, et la tyrannie à péri.

Et le spectacle de cette grande et sublime victoire n'est-il pas le signe le plus éclatant de cette sympathie qui unit au centre commun toutes les parties de l'ensemble? Paris pousse un cri, terrasse l'ennemi, arbore le drapeau de la révolution, et en huit jours, dans toute la France, le même cri est prononcé, le même drapeau flotte et l'ennemi disparaît.

En résumé, Paris fonda, en 885, l'unité française; en 1355, eut lieu la première expression de la volonté de cette commune de Paris, qui procéda si énergiquement encore au XVIe siècle et au XVIIIe; car l'assemblée des marchands, les seize et la commune furent trois faits émanés d'un principe commun, où trois fois Paris fit acte de souveraineté pour sauver la nationalité française.

Après ce coup d'œil jeté sur l'histoire, il semble inutile d'entrer dans la voie du rationalisme, pour prouver ce qui semble si complétement vérifié par les faits ; mais aujourd'hui que l'on prend des opinions toutes faites, et qu'on les regarde comme prouvées, dès qu'elles ne dérangent pas trop le petit cercle d'idées qu'on est convenu d'admettre, il est nécessaire de ne négliger aucun détail pour repousser une erreur.

Ainsi, il est des gens qui regardent l'existence d'une capitale comme une affaire d'arrangement susceptible de modifications et de changement à la fantaisie d'un gouvernement ; comme si la capitale n'était pas ce qui fait la nation et le gouvernement lui-même, et comme si une capitale pouvait se refaire. C'est cependant en partant d'un point de vue aussi faux qu'on laisse de côté la question principale, et qu'on se jette sur les inconvéniens qui ne sont que des exceptions et des abus auxquels on sacrifie l'institution ou le fait général sans lequel rien n'existerait.

On est donc convenu de dire qu'une grande capitale est un foyer de corruption et d'immoralité, un chancre qui dévore toutes les richesses d'un état; qu'elle nuit au développement des sciences et des arts, parce qu'elle empêche qu'aucune œuvre et aucune pensée puissent avoir un essor quelconque, hors de ce domaine exclusif du savoir et du goût; qu'elle pèse sur les localités, et les courbe sous le despotisme de sa volonté; enfin qu'elle concentre toute l'existence d'un état, de sorte que la nation tout entière est obligée de subir les événemens qui s'y passent.

Examinons la valeur de ces raisonnemens:

Commençons par dire que la puissance d'une capitale est toute morale; qu'elle n'existe qu'à condition du consentement libre de la nation; car enfin, de cela même que ses décisions sont acceptées et que la nation s'en est fait une habitude, il s'ensuit qu'elle s'en arrange; car les portions ne pouvant s'entendre entre elles, il faut bien qu'une volonté reconnue partout au même moment sans résistance, ait été dans la pensée de chacun au moment où la capitale lui a donné une expression. Une capitale n'a pas, en effet, comme un gouvernement, une force physique à sa disposition; elle parle, et on reconnaît qu'elle a raison, et c'est alors qu'elle acquiert une force qu'elle n'avait pas auparavant, et qu'elle ne doit qu'au consentement de tous.

Il y a d'ailleurs toutes chances pour que cette concentration de volonté soit plutôt un bienfait qu'un mal; car les événemens funestes que doit subir la nation, auraient bien plus de chances de succès s'il n'y avait que des résistances isolées, au lieu d'un centre commun ou se trouve réunie une masse d'efforts tous prêts pour résister, et où peuvent converger ceux qui viennent s'y joindre.

Quant à la corruption et à l'immoralité, nous ne nions pas que le vice ne trouve, dans les grandes villes, un appât et une application qui n'existent pas dans les campagnes ; mais ce malheur est commun à toutes les villes, grandes ou petites, et la statistique judiciaire le prouve suffisamment. Une population d'un million d'ames à Paris fournit annuellement trois têtes à l'échafaud, et la France en fournit quatre-vingts sur trente-deux millions; il y a à peu près proportion. Il en est de même des autres condamnations.

Et cependant, si l'on considère la population flottante de Paris, qui est d'environ cent mille ames, on se convaincra que le nombre des crimes et des délits y est comparativement moindre que dans toute autre ville de France.

Mais bien plus, si l'on compare ces crimes à ceux d'un comté de l'Angleterre, pris au hasard, on trouvera que la proportion est de un à quatre, ce dernier chiffre appartenant à l'Angleterre.

Il faut donc reconnaître que la criminalité n'est pas le fait de l'agglomération de la population, mais bien de l'état moral d'un peuple donné.

Mais en outre, ce n'est pas seulement par le chiffre des faits immoraux que se calcule l'état moral d'une population; car ce n'est là que le calcul du mal, il faut y opposer celui du bien.

Ainsi, il faut considérer l'impulsion morale donnée par cette population, lorsqu'elle agit d'ensemble ; l'encouragement qu'elle apporte à la vertu, la flétrissure dont elle accompagne le vice; il faut juger les élans de dévouement dont elle est susceptible, le jugement qu'elle peut porter du bien et du mal; en un mot, l'exemple qu'elle peut donner.

Eh bien! sous ce rapport, quelle ville, quel village de la France oserait le disputer à Paris? Quand cette capitale a-t-elle été en arrière d'un acte de dévouement? Quand a-t-elle perdu l'occasion d'un exemple de haute moralité? Quand a-t-elle refusé la flétrissure au mal, la récompense au bien?

Dans notre dernière révolution, le peuple de Paris a été sublime de dévouement et de vertu; il a compté sa vie pour rien, pendant le combat, et il n'a déshonoré le triomphe par aucun excès.

Pendant un mois, Paris, sans garnison, sans police, sans gouvernement organisé, s'endormait tranquille, gardé par ses propres enfans, qui, déguenillés et sans pain, veillaient sur les richesses de cette grande cité.

Qui est venu donner l'exemple de l'immoralité, en venant mendier sa part de la victoire, sans avoir combattu?

Ah! ce n'est pas le peuple de Paris, car les hommes du lendemain, qui étaient venus du dehors prendre part à la curée, riaient au nez de ceux qui disaient qu'il fallait qu'une révolution, faite par le peuple, eût au moins pour résultat une amélioration dans son sort.

Est-il nécessaire de répondre aux accusations d'accaparement et de concentration du domaine de l'intelligence?

La science, comme tout autre mode d'activité humaine, doit nécessairement avoir un centre d'ou elle diverge, pour arriver à toutes les intelligences; si le gouvernement d'un pays ne reconnaît pas cette vérité et ne l'applique pas, il est trop heureux pour ce pays que cette chose se fasse d'elle-même; c'est la science qui vient chercher la science; et tout naturellement le progrès se fait là où il y a le plus d'élémens pour le produire, et toujours au grand avantage de tous.

Mais ces mêmes richesses intellectuelles, contre la concentration desquelles on s'élève, n'ont-elles pas aussi un résultat important? et n'est-ce pas à leur agglomération qu'on doit ces progrès dans les sciences et dans les arts, qui ont lieu partout où cette agglomération existe ? S'imagine-t-on que, si chaque coin de la France en avait un petit morceau, elles pussent produire les mêmes résultats?

Qui ne sait d'ailleurs l'immense difficulté qu'on éprouve à appliquer un perfectionnement scientifique? Qui ne s'est plaint mille fois des obstacles qu'opposent, à l'introduction des procédés les plus simples, la routine et l'habitude, là où elles sont le plus enracinées, en province? Les difficultés sont si grandes, qu'on peut dire hardiment que s'il ne se trouvait un grand centre d'essai, il serait impossible de les surmonter.

C'est encore là, en effet, un des avantages d'une capitale qui sert de centre d'épreuves d'où vont rayonner, sur toutes les parties de la circonférence, les perfectionnemens essayés dans son sein.

Sans entrer dans beaucoup de détails, il est également facile de prouver, quant à la production des richesses, que Paris rend plus à la France qu'il n'en reçoit.

La consommation de Paris consiste en matières presque entièrement puisées hors de son sein: c'est une valeur de plus de 400,000,000 f. que Paris paie à l'industrie agricole; assurément ce n'est pas un accaparement qu'on pourra lui reprocher.

On manque de données exactes sur la quantité de matières ouvrables que reçoit Paris, et la quantité de produits qui en résultent; mais on voit que, sur 43 natures de produits, l'introduction de 227 millions de francs en matières ouvrables donne pour résultat la production de 310 millions de francs en matières ouvrées.

Ce n'est là qu'une portion de l'immense fabrication de Paris; mais on voit par la nature des matières premières qui presque toutes, excepté l'or et l'argent, proviennent du sol français, que cette fabrication est une transformation tout à l'avantage du pays.

Mais ce qui le prouve bien plus encore, c'est la part que prend Paris dans l'exportation du commerce français. Les déclarations à la douane sont pour la France entière de 450,000,000 fr., celle pour Paris de 50 millions fr., c'est le neuvième, la population de Paris n'étant que le quarantième de la population totale de la France.

Il en est de même pour les contributions; le total des contributions payées par Paris était en 1820 de 81,500,000 fr. Celles de la France de 861,000,000, ainsi Paris payait les 97 millièmes des contributions de la France, et par conséquent la quote part d'un habitant de Paris était 4 fois et demi plus forte que celle d'un habitant de la France.

Quant à la part pour laquelle Paris entre dans les dépenses du budget, on trouve qu'elle s'élève à 10 millions au plus.

Quelque incomplètes que soient ces données, elles suffisent pour démontrer que le reproche fait à Paris d'engouffrer les richesses du pays, sans profit pour le reste de la nation, est absurde; mais que serait-ce donc si nous cherchions à faire le détail des services que Paris rend au pays par le crédit? Et par ce mot nous n'entendons pas cet infâme agiotage dont Paris souffre plus encore que le reste de la France ; mais nous entendons le développement donné au travail par la bonne direction imprimée aux capitaux : tels sont les travaux entrepris par les associations qui se sont formées à Paris ; les services rendus au commerce par les maisons de banque de la capitale ; enfin l'impulsion donnée aux travaux industriels, par cette ville à qui ils ont si peu profité.

Les faits que nous venons de citer répondent suffisamment à ces reproches contre l'importance d'une capitale ; mais il en reste un plus grave, et qui enveloppe dans sa réprobation la forme de gouvernement qu'on suppose avec raison être due à l'influence de la capitale : nous voulons parler de la centralisation des pouvoirs administratifs.

C'est une erreur banale de dire aujourd'hui que la centralisation est le vice le plus grand de notre gouvernement, et que Paris seul en profite : d'abord, ce n'est pas la forme d'un gouvernement qu'il faut examiner pour connaître sa valeur, c'est le but qu'il donne à ses efforts, et ce que ces efforts produisent, qu'il est essentiel d'observer ; et certes l'influence de Paris n'est pas de nature à créer un gouvernement égoïste, car si le pouvoir nominal y existe, il y est accompagné du pouvoir réel de l'opinion publique, qui ne laisse pas à l'autre toutes ses aises.

Mais transportons la question sur son véritable terrain. Les doctrines fédératives sont de toutes les pensées politiques qui peuvent nuire à l'existence sociale d'un peuple la plus dangereuse : par cela même, en effet, qu'elles s'adressent à la vanité et à l'intérêt de fractions quelconques de l'unité nationale, elles sont contraires à tout sentiment patriotique, qui se compose du sacrifice de toutes les individualités à l'utilité générale. Aussi est-ce en s'adressant à toutes les mauvaises passions politiques que les fédéralistes parviennent à abuser le public sur leurs doctrines ; ils exploitent toutes les petites vanités et rivalités locales ; ils cherchent à séduire les médiocrités qui aspirent à une grande célébrité dans leur petite sphère, et qui espèrent l'obtenir facilement, quand leur endroit sera quelque chose; mais ils ne parviendront jamais à abuser un véritable patriote qui sait que le bien général est tout, et qu'on n'y peut travailler qu'en comptant pour rien son intérêt personnel, qui se trouve naturellement compris dans l'intérêt de tous.

Qui a pu jamais songer, en effet, à commencer un gouvernement par en bas, et à faire dépendre de l'arrangement des détails la direction générale de l'ensemble? Qui ne voit que dans cette prétention à faire de l'organisation partielle, dans un pays où tout est établi au point de vue d'une synthèse gouvernementale, se cache l'égoïsme ou le désir de trouver plus de satisfaction personnelle dans l'arrangement qu'on rêve.

C'est ce qui fait que l'unité d'un empire est si difficile à établir, et qu'il faut une force surhumaine pour vaincre les différences d'état social qui opposent une résistance telle à la volonté générale, qu'elles survivent même à la réalisation de cette volonté, et cherchent sans cesse à lui échapper.

Cette centralisation dont on se plaint tant n'est pas née d'hier en France, c'est le résultat d'une tendance de mille ans dans notre histoire.

Le gouvernement féodal fut un gouvernement fédéral; la monarchie n'a eu d'autre fonction que de ramener à l'ensemble toutes les fractions que la féodalité en avait éloignées; la révolution termina ce travail, en nous débarrassant de toutes les irrégularités consacrées par des satisfactions données à des intérêts individuels. Aussi le premier acte de la révolution fut-il de changer entièrement la circonscription du pays, pour établir le véritable esprit de la révolution par une division nouvelle du sol. Tout le reste s'ensuivit, unité de gouvernement, uniformité de relation entre les fractions et le gouvernement, et enfin unité de loi, c'est-à-dire unité de relation entre les individus. C'est à peu près tout ce qui reste aujourd'hui de cette révolution, et c'est là aussi ce qu'attaquent le plus aujourd'hui les partisans de l'ancien régime, qui font appel à tous les débris du passé, et qui cherchent à séduire quelques bonnes ames par l'appât des *antiques libertés* de province.

C'est en effet au rétablissement des différences qui existaient jadis entre les diverses fractions du territoire qu'aboutirait en définitive le fédéralisme; car on ne peut douter que la Bretagne, par exemple, qui n'admet qu'avec répugnance les progrès sociaux, ne rétrogradât de trois cents ans si elle était abandonnée à elle-même; que le Midi ne repoussât aussi les idées du Nord; que les différences de langage, si difficiles à détruire, ne se perpétuassent à jamais, et qu'ainsi la communauté qui existe entre les diverses parties de la France n'aboutît à une anarchie complète de pensées, de sentimens et d'intérêts, et enfin à une séparation.

Tel serait, nous n'en doutons pas, le résultat des plaintes contre la centralisation, si l'on s'y abandonnait. En effet, cette centralisation tant décriée est l'instrument énergique à l'aide duquel la révolution a accompli la volonté nationale; c'est la création révolutionnaire qui a anéanti l'œuvre du passé, c'est le véritable signe du progrès qui rend la rétrogradation à jamais impossible.

C'est contre cette centralisation que la restauration, avec sa tendance à la reconstruction de l'ancien régime, est venue se heurter, pour retomber impuissante ; c'est encore elle qui nous sauvera de l'étranger, s'il essayait de venir détruire l'effet de la volonté nationale.

Quant aux abus de détail qui en résultent, assurément cela est peu important, et surtout facile à remédier. Le tort, tant de la part de ceux qui soutiennent la centralisation dans ses abus que de la part de ceux qui la jugent sur ces abus, est de confondre l'administration et le gouvernement, et rien n'est plus différent : l'administration est la machine par laquelle et sur laquelle agit le gouvernement, et c'est le gouvernement qui donne le mouvement et la direction à cette machine ; or tout ce qui peut simplifier les rouages, sans nuire à l'action principale, peut facilement en être écarté, et toute la question est, non pas dans la nature du mouvement, mais dans l'emploi qu'on en fait. Le gouvernement, c'est tout ce qui importe à la bonne direction du bien-être et du salut public, et assurément personne ne se plaindra d'une centralisation qui aura pour but de faire concourir toutes les facultés à la prospérité générale qui comprend le bonheur de toutes les individualités; mais c'est surtout lorsqu'il s'agit de la conservation nationale que, loin de se raidir contre l'effort commun, chacun s'empressera d'arriver au devant de l'appel fait à son dévouement, en apportant de lui-même sa part d'efforts.

C'est alors surtout que se fait sentir l'utilité d'un centre commun, d'où puisse partir l'appel à tous les dévouemens, et vers lequel ils puissent tous converger, pour y être organisés, et faire face partout où il y a danger.

D'où nous conclurons qu'une grande capitale est la condition la plus importante de l'existence et de la conservation d'une nationalité.

Nous n'examinerons qu'un côté de cette

grande question, celui de la conservation nationale, et du rôle que Paris a rempli et doit remplir encore dans cet acte important de l'existence de la France.

CHAPITRE III.

DU CARACTÈRE DES ACTES MILITAIRES DE LA NATIONALITÉ FRANÇAISE, ET DU RÔLE QU'Y A JOUÉ SA CAPITALE.

La plupart des militaires qui ont traité de la science de la guerre, depuis qu'elle a acquis un si grand développement théorique sous Louis XIV, Frédéric et Napoléon, ont oublié un élément important de l'art militaire, qui le domine et le détermine, à savoir l'élément moral, qui est, pour ainsi dire, l'expression intime d'une nation. Faute d'avoir étudié l'acte militaire sous ce point de vue, ils en ont plus ou moins méconnu l'esprit, et n'ont traité que la partie mécanique du métier. Aujourd'hui que la science sociale a fait de plus grands progrès, il est facile de pénétrer plus loin dans le chemin de la vérité ; et la science militaire ne doit pas plus rester en arrière que les autres dans cette grande explication du développement du drame humain.

Avant le christianisme il n'y avait entre les états d'autres relations que la force ou la peur, et l'acte militaire était un acte d'égoïsme pur ; le droit des gens n'existait que pour les individus.

Le christianisme a établi un droit des gens entre les nations, un droit public véritable, et a rendu l'acte militaire dépendant d'une cause morale, d'une raison sociale.

La conquête romaine a montré ce que pouvait être la puissance de l'unité, sous l'empire de la force ; les guerres et les invasions, depuis le christianisme, ont montré ce que pouvait être la force sous l'empire de la puissance morale.

Dans toutes les guerres, depuis que l'invasion romaine eut fait un sol au principe chrétien, la France a été le principal instrument de la puissance morale : c'est elle qui a, de nouveau, donné un terrain à l'organisation catholique européenne, en refoulant l'arianisme d'abord, puis le mahométisme, au-delà des Pyrennés et de l'Italie; puis en conquérant matériellement ce que la parole avait déjà conquis moralement, en Germanie, en Bohême, en Hongrie.

Pendant tout ce temps, la France se dévoua ainsi à l'intérêt commun pour fonder le terrain de l'organisation européenne; ce fut sa fonction militaire sous les deux premières races. Plus tard elle travailla à son développement civil intérieur, et en cela elle se dévoua encore, car les destinées accomplies dans son sein devaient par une conséquence logique invincible devenir le modèle et le type des destinées de tous les peuples, provenant d'une même origine. Toutes les guerres auxquelles la France a pris part depuis le neuvième siècle n'eurent pas d'autre but, et ce travail se perpétue encore.

Il est facile d'en tracer le tableau :

Dès que la France eut affranchi le sol européen et l'eut conquis au principe chrétien, elle fut menacée, sur son propre sol, par les barbares mêmes qu'elle n'avait pu atteindre au nord. Les Normands, peuple maritime, menacèrent tous les bassins de fleuves dont se composait le sol français ; l'Escaut d'abord, puis la Somme, la Seine, la Loire et la Garonne ; en descendant successivement vers le midi, le bassin de la Seine fut le plus exposé, comme étant le plus central, et celui dont la conquête devait entraîner la soumission de tous les autres. La seconde race, livrée à l'égoïsme, n'était pas en état de leur résister ; une ville se mit à la tête de la défense nationale, ce fut Paris ; deux hommes l'y organisèrent, ce furent le comte et l'évêque de cette ville, Hugues et Gozlin : par eux et par le peuple le sol français fut défendu, et les envahisseurs assimilés à la nationalité qu'ils venaient attaquer, et qui par là acquit d'autant plus de force.

Paris, en reconnaissance, proclama souverain celui qui l'avait défendu ; il était déjà duc (général) des Français, et marquis (chef des frontières) de France : tous les caractères d'une nationalité se trouvaient donc réunis là, un sol, un peuple, une capitale et un chef.

Pendant mille ans l'histoire de France n'est plus que la reconnaissance successive de ce fait, formation politique et civile de l'unité nationale.

La troisième race une fois élevée à la souveraineté, son premier acte fut de donner unité à la révolution des communes ; ce fut le commencement de la ruine du système féodal, qui, par un effet de l'égoïsme humain, tendait à s'immobiliser pour exploiter les hommes confiés à sa direction militaire.

Sauf les croisades qui furent une guerre toute morale, les guerres de quatre siècles n'eurent d'autre principe que la lutte des intérêts privés, sous la bannière des seigneurs, contre les intérêts généraux représentés par le pouvoir royal. Alors chaque pouvoir avait sa citadelle, et Paris servit de réduit à l'unité qu'elle avait fondée en 885, qu'elle conserva par son énergique résistance en 1355, en faisant pour la seconde fois acte de souveraineté? Dans ces luttes terribles, dont l'unité nationale sortit victorieuse après s'être longtemps débattue contre l'égoïsme flagrant et sans pudeur des grands, Paris avec sa cuirasse de tours, sa commune armée, son université toujours prête aux combats du corps, comme à ceux de l'intelligence, Paris jetait un poids immense dans la balance, et neutralisait le pouvoir des grands qui ne comptaient pour ennemi que celui qui nuisait à leur ambition, pour ami que celui qui l'aidait à l'assouvir, Français ou étranger, peu importe.

Les guerres de religion succédèrent aux guerres féodales ; ce fut le même principe sous un nom différent ; c'était encore l'intérêt aristocratique combattant contre l'unité nationale et l'intérêt du peuple. Cette époque a pu être mal jugée ; mais il suffit de jeter un coup d'œil sur les résultats des révolutions religieuses en Angleterre, en Hollande, en Allemagne, pour voir qu'elles n'ont point abouti à une révolution civile : tandis que la révolution française a porté un coup mortel à l'organisation sociale existante; il était donc indispensable que le peuple français conservât l'unité de foi, pour arriver plus tard à l'unité politique et civile, par une révolution émanée directement de sa volonté.

Paris rendit donc un service immense au pays, en faisant encore une fois, à cette époque, acte de souveraineté nationale.

Les guerres de religion amenèrent un changement complet dans le droit public européen, et remplacèrent le droit public existant qui était l'union de tous les états sous la souveraineté religieuse, par le droit public monarchique, qui faisait de l'intérêt des couronnes le lien de toute la société européenne; c'est ce qu'on appela l'équilibre politique. C'était l'égoïsme constitué, qui a régi l'Europe pendant quatre siècles.

Sous l'empire de ce droit public, les guerres qui eurent lieu n'eurent plus d'autre principe que des questions de territoire; elles eurent pour but, de la part du pouvoir royal en France, de rattacher à la nationalité les rameaux épars, que les abus du système féodal en avaient détachés; et tant que l'action souveraine n'eut pas d'autre mobile, ses entreprises, appuyées par le sentiment national, n'éprouvèrent que des succès; mais lorsque la politique du roi n'eut plus d'autre but que la satisfaction de son égoïsme, la force lui manqua, et la nationalité fut de nouveau compromise.

C'est ce qui explique les revers de la fin du règne de Louis XIV: le roi pouvait couronner l'œuvre de son règne, en abandonnant à la famille impériale le trône d'Espagne, et en rattachant à la France les restes de cette couronne de Bourgogne dont les débris furent si chèrement achetés, et dont la portion la plus importante manque encore à notre nationalité; mais Louis XIV céda à la vanité d'avoir un petit-fils sur le trône de l'Espagne, et il faillit perdre toutes ses conquêtes.

Ce fut alors que Vauban écrivit son mémoire sur les fortifications de Paris, ce grand homme présageait déjà les malheurs de la fin du règne qu'il avait tant contribué à illustrer; mais

Louis XIV, dans son malheur, conservait une espérance, c'était sa confiance dans le peuple de Paris. « Si vous perdez la bataille, mandait-il à Villars, écrivez-le à moi seul, je passerai par Paris, *je les connais*, et je vous amènerai 100,000 hommes. »

Napoléon, par la même faute, perdit son empire ; il ne put passer par Paris.

Le système monarchique constitua tous les changemens introduits par sa lutte avec l'aristocratie souveraine ; l'armée s'en ressentit principalement ; elle fut la première constituée d'un point de vue unitaire, et représenta exactement l'état social existant ; c'était l'armée du roi, commandée par sa noblesse, n'ayant d'autre pensée que la pensée du roi, d'autre mobile d'action que sa volonté transmise, par une hiérarchie de commandement, du souverain au soldat. Cette constitution eut l'avantage immense de créer un excellent instrument militaire, et de donner les moyens d'organiser en un instant les élémens populaires, qui vinrent, en 1792, avec une volonté et un sentiment à eux, régénérer l'armée, et faire respecter la volonté nationale.

Le rôle que joua Paris, dans la défense de la France lors de la révolution, fut un rôle tout moral.

Quelque effort qu'eût fait le pouvoir royal pour établir l'unité nationale, il n'avait pu que constituer sous une nouvelle forme les intérêts aristocratiques qui pesaient de tout leur poids sur le peuple, et qui partageaient la nation en deux classes, les exploitans et les exploités. Le pouvoir royal, au lieu de continuer la lutte avec l'aristocratie, se mit de son parti, et ne céda qu'à la nécessité. La nation avait besoin de s'entendre; les états-généraux furent convoqués, mais ils se rassemblèrent à Versailles, et il fallut que Paris s'en mêlât pour que la révolution fût complète.

Dès le 23 juin, le roi veut imposer ses volontés aux états-généraux qui étaient venus faire connaître celles de la nation. Paris s'émeut, vingt mille hommes l'entourent, des étrangers chargent dans les Tuileries; le peuple s'arme, prend la Bastille, et donne ainsi force de loi au principe de la souveraineté du peuple, proclamé par l'assemblée du Jeu de Paume : toute la France imite Paris et s'arme comme lui : telle fut l'histoire de cette révolution du 14 juillet, sur laquelle nos députés disputent encore.

Le premier acte de la souveraineté du peuple fut de décréter et d'assurer l'unité nationale et l'égalité civile.

L'aristocratie s'organisa au dedans et au dehors pour résister ; mais les patriotes répondirent à ses efforts par des efforts plus énergiques encore : la fédération fit équilibre à l'émigration, au camp de Jalès et aux rassemblemens de Coblentz.

L'émigration avait ses complices à l'intérieur. Elle perdait, par ses conseils, le malheureux Louis XVI, qu'elle entretenait dans le funeste espoir que l'étranger viendrait lui rendre sa puissance, et qui, dans cette pensée, trahissait sans cesse la cause nationale en ayant l'air de l'appuyer de tous ses efforts.

La nation, endormie par la diplomatie, n'avait aucune défiance de l'étranger, et cependant, dès le 18 mai 1790, il y avait eu à Mantoue un plan arrêté entre les souverains et les émigrés pour envahir la France. La fuite du roi à Varennes éclaira le peuple, il se réveilla et prit ses précautions.

Alors, l'assemblée législative s'occupa d'organiser la défense nationale; une armée imposante fut décrétée, ainsi que la mise en état de défense des places fortes; mais la trahison ou la maladresse neutralisèrent ces mesures, et le rapport du ministre constate qu'au 16 juin 1792, il n'existait, en ligne, que 93,000 hommes au nord, et 35,000 au midi, ce qui présentait un manque au complet de 50,000 hommes.

Dans ces circonstances, les Girondins firent déclarer la guerre à l'Autriche.

Ce fut le signal de l'orage qui tout à coup gronda sur la France. Le duc de Brunswick envahit la Lorraine avec son terrible manifeste, et pénétra jusqu'aux plaines de la Champagne; quatre jours de plus, et la restauration était faite. Paris s'ébranla, le tocsin du 10 août sonna, le repaire de la trahison fut envahi par le peuple, et dès ce moment l'ennemi fut privé d'une partie de sa force, car il n'eut plus de complices à Paris.

Mais Paris rendit une autre service à la patrie, quarante mille hommes sortirent de son sein pour aller combattre les Prussiens après avoir anéanti leurs alliés de l'intérieur; la France entière répondit à l'appel de Paris.

C'est ainsi que Paris fut sauvé en 1792, et la France avec Paris.

Mais ce combat n'était qu'un prélude; la coalition se releva plus terrible que jamais : ce fut un combat à mort entre l'aristocratie européenne et le peuple français.

D'un côté, l'aristocratie européenne marchant tout entière sous la conduite de ses chefs, pour la conservation de ses priviléges, et se liant avec tous les égoïstes de France, tant ceux qui voulaient la reconstruction de l'ancien régime, que ceux qui craignaient le triomphe du peuple : de l'autre côté, le peuple français se dévouant tout entier à l'accomplissement de la volonté nationale; la Convention organisant ce dévouement, et, par-dessus tout, la commune et les sections de Paris exaltant l'esprit public, soutenant et poussant la Convention, donnant confiance aux forts, maintenant les faibles. et chassant les traîtres.

Dans cette terrible année 1793, la France fit ce que jamais nation au monde n'avait fait avant elle, pour faire respecter sa volonté(1). Sur les quatre-vingt-six départemens de la France, vingt étaient envahis par l'étranger ou par l'insurrection de l'ouest; dix étaient neutralisés par le fédéralisme; Lyon, Toulon, étaient au pouvoir de l'ennemi; Caen, Bor-

(1) Un témoin irrécusable de cette époque de dévouement le décrit ainsi: La guerre de 1792 à 1796 est celle à laquelle je m'honore le plus d'avoir pris part, parce qu'en même temps qu'elle est une des plus justes que la France ait soutenues, elle est aussi celle où le *peuple français a déployé le plus d'énergie, de courage et de persévérance.* Le but de ses efforts était de défendre l'indépendance nationale contre les armées de l'Europe coalisée; aussi, selon moi, ce fut dans cette guerre qu'il acquit le plus de gloire, si la gloire s'acquière en raison des difficultés vaincues et de la justice de la cause. (Gouvion-Saint-Cyr, *Mémoires sur les campagnes des armées du Rhin et Moselle.*)

deaux, Marseille, Strasbourg, étaient plus ou moins en proie à l'insurrection ; les caisses étaient vides, l'armée était désorganisée, tous les généraux trahissaient !... Quelques hommes eurent le courage de ne pas désespérer du salut de la patrie ; ils en répondirent au peuple, et ils tinrent parole : leur secret est dans un mot : ils ne doutèrent pas du peuple.

Aujourd'hui que le danger est passé, on peut laisser de côté la nécessité des circonstances, et déclamer contre la sévérité et l'énergie des moyens; mais aux yeux d'un patriote véritable, une seule considération domine toutes les autres; il fallait sauver la patrie, et elle a été sauvée ! que ceux qui exhument les détails sanglans de cette nécescité terrible, pèsent le sang et les larmes de ceux qui, au lieu de les verser pour la défense de leur patrie, se mirent du côté de ses ennemis. Quant à nous, nous ne voyons là que la lutte d'une nation généreuse contre la force et la trahison ; et nous répondrons par l'exemple de 1814 et de 1815 à ceux qui auraient voulu la sauver autrement. Fox a dit qu'une restauration est le pire des gouvernemens, parce qu'elle ramène avec elle le parti vaincu ; si ce mot a été appliqué à juste titre à la restauration de 1814, et a rendu nécessaire la révolution de 1830, pour assurer les résultats de celle de 1789, mise en cause après quarante années d'accomplissement, qu'eût-ce été en 1794, après trois années de révolution, et lorsque les haines engendrées par le déplacement des intérêts et le froissement des opinions étaient le plus flagrantes !

Lorsque, le 18 juin, on mit en discussion cet article de la constitution : « Le peuple français ne fera point la paix avec un ennemi qui occupe son territoire ; » un membre proposa de rejeter cet article comme privant la république de faire des traités avantageux... *Avez-vous formé*, dit-il, *un pacte avec la victoire ? Nous en avons fait un avec la mort!* s'écria un montagnard.

Là est toute l'histoire de la Convention ; elle avait une fonction importante à remplir, c'était de faire respecter le voeu de la nation française, d'assurer l'existence de la révolution et de la nationalité?... Elle l'a fait, elle a bien mérité de la France et de l'Europe; car la destinée de la France, c'est l'avenir de l'Europe. Les ennemis de la Convention demandaient sans cesse qu'elle quittât Paris pour aller à Bourges; la Convention résista toujours à ces suggestions de l'égoïsme et de la peur. Elle resta à Paris, car elle savait que là était le centre du dévouement et de la force morale de la nation.

Mais le détail de l'organisation de la défense nationale est un grand enseignement, trop nécessaire aujourd'hui pour ne pas saisir l'occasion de le présenter; d'ailleurs il faut donner des preuves là où l'égoïsme se bouche les yeux et les oreilles pour ne voir ni entendre (1).

(1) L'examen d'une époque si remarquable est de la plus haute nécessité, aujourd'hui que, par la plus singulière aberration de l'esprit, on est parvenu à faire haïr à une nation les hommes à qui elle doit son salut dans le passé et son existence dans le présent. Dans un moment où l'avenir national est tellement mis en question, il est de la plus grande importance de ne rien négliger pour contribuer à la renaissance de la vérité : c'est dans ce but que nous citerons ce passage si remarquable

L'examen de cette question générale se rattache d'ailleurs particulièrement à la question spéciale, que nous traitons ici, car la conclusion directe des faits que nous allons indiquer synoptiquement, sera : que la nécessité de cou-

de Servan sur les guerres auxquelles a donné lieu la défense nationale: ce témoignage est d'une grande valeur assurément, car il est d'un Girondin.

» Il est certain qu'au moment où la Convention nationale se forma, en septembre 1792, la France se trouvait dans une position très-critique. Les ennemis déjà entrés dans plusieurs provinces pouvaient arriver incessamment aux portes de la capitale; les principales puissances de l'Europe désiraient sinon la destruction totale, du moins l'affaiblissement de la France que leurs armées cernaient de toutes parts au dehors, tandis qu'elle était déchirée au dedans par la guerre civile. Un grand nombre de citoyens craignaient que la patrie ne succombât, et ne subît le sort de la Pologne. Bientôt la face des choses change. On manquait d'armes, et la république devient un vaste arsenal. On n'avait pas d'étoffes pour vêtir les troupes, et la plupart des villes se transforment en ateliers d'habillemens. On s'aperçoit qu'on va éprouver la disette de poudre, et sur-le-champ on se trouve dans une atmosphère de salpêtre. Les armées étaient trop peu nombreuses, et le décret du 23 août 1793 produit un million de soldats, à l'aspect desquels les légions ennemies, partout vaincues, fuient épouvantées; enfin le sol français est non-seulement reconquis, mais reculé jusqu'au Rhin et aux Alpes. Jamais, dans la Convention, une déclaration de guerre

vrir Paris, centre de la défense nationale, exige, lorsque ce point important n'a d'autre protection que le courage de ses citoyens et des armées, un développement effroyable d'énergie morale et de dévouement.

n'occasiona une minute de discussion; c'est au moment même où nos armées étaient repoussées de la Belgique, que la Convention décréta sa réunion à la France : cette conduite, qui en d'autres temps eût paru téméraire, était alors commandée par la nécessité; si la Convention eût manqué de vigueur ou paru redouter le nombre de ses ennemis, il était à craindre que la nation entière ne partageant la pusillanimité de ses représentans, et jugeant le péril plus grand que nos ressources, ne tombât dans l'abattement. Il est certain, par conséquent, qu'en montrant beaucoup de confiance dans la force et le patriotisme du peuple, la Convention finit par lui persuader que ses moyens étaient supérieurs aux dangers qui le menaçaient, et cette opinion a été la source de l'énergie qu'il déploya pendant la guerre de la révolution. » (*Tableau historique de la guerre de la révolution.*)

CHAPITRE IV.

EXAMEN DE LA DÉFENSE NATIONALE PENDANT LA RÉVOLUTION, ET DE L'INFLUENCE DE PARIS SUR CETTE DÉFENSE.

Une révolution est l'expression violente d'une idée nécessaire, que l'égoïsme des gouvernans a refusé de reconnaître et d'établir rationnellement.

Elle n'existe d'abord qu'en puissance morale, mais elle s'accroît en raison des résistances qu'elle rencontre, et acquiert une force matérielle par la réaction contre les obstacles que lui oppose l'égoïsme.

Son existence matérielle est donc une conséquence de ce qu'on n'a pas voulu la reconnaître comme force morale.

La révolution française est une preuve frappante de ces principes.

Paris a donné une force à l'idée morale que la nation avait jugée nécessaire, parce que les efforts de l'égoïsme pour étouffer cette idée se sont tournés contre Paris qui, le premier, l'avait proclamée. Il est facile, en effet, de prouver qu'à chaque effort de l'aristocratie pour résister à la nécessité de l'idée révolutionnaire, correspond un effort de Paris pour la faire triompher.

Nous ne citerons que les faits dans toute leur simplicité, afin que nos preuves soient plus convaincantes.

Le 20 juillet 1789, déclaration royale exprimant la volonté du roi aux états-généraux convoqués pour faire connaître la volonté de la nation.

Le 23 juin, déclaration du Jeu de Paume,

formation d'un camp de vingt mille hommes sous Paris, pour être maître de la révolution; le 12 juillet, charges de royal-allemand dans Paris.

Le 13 juillet, Paris s'arme, cinquante mille citoyens vont s'inscrire dans leurs districts.

Le 14 juillet, la Bastille est prise, et la garde nationale s'organise le lendemain : soixante districts de Paris forment soixante bataillons; quinze jours après, la nation armée compte trois millions d'hommes sous les armes.

Le 3 octobre, dîner et bal en présence de toute la cour à Versailles, où l'on jure d'anéantir l'assemblée nationale.

Les 5 et 6 octobre, Paris marche sur Versailles et ramène le roi.

Établissement du club des jacobins à Paris, et commencement de l'émigration, qui va chercher des ennemis à la France dans toute l'Europe ; désorganisation de l'armée par l'émigration successive de douze mille officiers et des soldats qu'ils entraînent.

Effectif au 1er juillet 1789 .	155,000 h.
Idem au 1er novembre. .	120,000
Manque au complet. . .	35,000

Le 3 décembre 1790, lettre de Louis XVI aux souverains de l'Europe pour demander un congrès à main armée pour le rétablissement de son autorité.

Le 6 juillet 1791, convention de Mantoue portant que cent trente-cinq mille étrangers et quinze mille émigrés envahiront la France pour rétablir l'autorité du roi.

Déclaration de Pilnitz, le 27 août 1791; négociation de Montmorin et de Breteuil avec l'étranger, protestation des princes et des émigrés contre la constitution.

Le 20 septembre, le roi est arrêté à Varennes, allant prendre à Metz le commandement d'une armée pour détruire la constitution.

Le 3 décembre, l'empereur menace la France du concours des souverains réunis pour le maintien des couronnes.

La nation ouvre les yeux, l'assemblée prend une attitude imposante.

Le 14 décembre 1791, le ministre de la guerre Narbonne fait un rapport pour demander la formation de trois armées au nord et à l'est, formant ensemble 150,000 hommes; l'effectif de l'armée était alors de 138,000, dont 83,000 seulement disponibles au nord.

Le 28 décembre, décret sur l'organisation des bataillons de volontaires.

Le 25 janvier 1792, décret pour l'engagement de 50,000 hommes.

Le 17 février, en réponse aux explications demandées par l'assemblée, la cour d'Autriche envoie un mémoire rédigé à Paris par le côté droit de cette même assemblée.

Le 1er mars, Narbonne annonce que l'armée et les places du nord sont dans un état superbe.

Le 20 avril, l'assemblée déclare la guerre à

l'Autriche. A cette époque, la situation réelle de l'armée était, effectif présent.. 128,000 h.

Complet fixé par les décrets... 213,000
Manque au complet........... 115,000

Les trois armées, dont l'effectif décrété était de 150,000, ne comptaient que 93,000 hommes présens, dont 40,000 dans les places; restaient disponibles 53,000 hommes. C'est dans une pareille situation que la France se présente devant l'ennemi.

Les troupes désorganisées et se croyant trahies s'enfuient aux premières attaques; plusieurs régimens, entre autres royal-allemand, passent à l'ennemi.

Le 27 mai 1792, Bouillé donne à la Prusse des plans d'invasion, dont l'un est accepté par le roi et par le duc de Brunswick, et leurs troupes se réunissent aux émigrés le 3 juin pour marcher sur la France.

Le 8 juin, décret sur la formation d'un camp de 23,000 volontaires sous Paris.

Le 19 juin, véto du roi; journée du 20 juin le lendemain.

Décret du 8 juillet, sur le danger de la patrie.

Le 25 juillet, paraît le célèbre manifeste de Brunswick, qui rendait Paris responsable des événemens; Paris s'ébranle, ses bataillons s'organisent pour marcher à l'ennemi; mais ne voulant pas laisser derrière eux une cour à laquelle ils attribuaient tous les dangers de la patrie, ils emportent d'assaut la royauté le 10 août et partent pour l'armée.

Le 20 septembre, l'ennemi est repoussé à Valmy.

L'armée ne comptait alors que 160,000 hommes, et celle qui avait vaincu à Valmy n'était que de 45,000.

Paris avait fourni à ces armées 24 bataillons et plusieurs compagnies de canonniers.

Le 19 août eurent lieu les décrets sur l'organisation des 48 sections armées de Paris, et sur la formation du camp composé des troupes fournies par les sections et par les districts voisins, des bataillons de fédérés, de 6 bataillons de Paris, de la cavalerie nationale, etc.

Le 21 septembre, la Convention s'assembla; dès lors tout changea de face.

Le 9 octobre fut rendue la loi sur les émigrés pris les armes à la main.

Le 20 octobre, la convention fit un appel aux volontaires nationaux.

Au 1er janvier 1793, l'armée comptait déjà 220,000 hommes à l'effectif.

Au 1er février, elle en comptait 230,000, fournissant 200,000 hommes présens aux armées.

Le 25 janvier, Dubois-Crancé fit un rapport établissant que la France allant avoir à combattre tous les rois de l'Europe coalisés, il était nécessaire d'organiser d'avance une force armée de 660,000 hommes, afin de pouvoir entretenir les armées sur les frontières à un complet de 400,000 d'abord. (1)

Le 21 février, un décret mit 300,000 gardes

(1) Ce rapport était basé sur un Mémoire remis au comité de défense générale par M. Grimoard, et que nous avons inséré textuellement aux notes et éclaircissemens.

nationaux en réquisition permanente; Paris y était compris pour 30,000 hommes.

Le 1er mars, la trahison ou l'imbécillité des généraux amena le revers de la Belgique et du Palatinat.

Le 8 mars, on annonce la levée du siége de Maëstricht, et la retraite sur Valenciennes; un décret envoie quatre-vingt-seize commissaires de la Convention dans les quarante-huit sections de Paris, pour leur faire part de ces désastres. La commune de Paris fait fermer les théâtres, battre le rappel, et publier une proclamation qui commençait ainsi :

« Aux armes, citoyens! aux armes!
» Si vous tardez tout est perdu. »

Un drapeau noir flotte sur les tours de Notre-Dame, etc.

Les sections répondent à l'appel de la commune; quinze mille hommes sont organisés, mais les sections demandent qu'en partant les défenseurs de la patrie aient la certitude que les traîtres seront punis, et réclament la création d'un tribunal révolutionnaire ; il fut décrété le 9 mars, malgré l'opposition des Girondins.

Le même jour, une des sections demandait la mise en accusation de Dumouriez. Le 12, Dumouriez annonce qu'il n'a aucun moyen d'empêcher l'ennemi d'arriver à Paris.

Le 26 mars, il était d'accord avec le prince de Cobourg, et se proposait de marcher avec lui sur Paris pour y proclamer la constitution de 1791 et un roi. Le 5 avril, les commissaires de la Convention écrivent : « Dumouriez, Valence, Égalité, les deux Thévenot, et d'autres officiers, ont passé à l'ennemi, le reste est à nous. » Le même jour, le prince de Cobourg déclare qu'il aidera le brave général Dumouriez et l'armée française à rendre à la France sa constitution et un roi.

La Convention décrète, le 7 avril :

1° L'envoi de commissaires aux armées avec des pouvoirs illimités sur les généraux, l'organisation, l'administration et la direction des opérations ;

2° La création du comité de salut public ;

3° La formation d'un camp de 40,000 hommes sous Paris ;

4° La levée de 30,000 hommes de cavalerie ;

5° L'établissement d'un service de relais aux armées, avec un bureau central à Paris, etc., etc.

Les sections de Paris s'assemblent, et l'une d'elles propose :

1° Que les murs de Paris et les anciens corps-de-garde soient rétablis ;

2° Qu'il y soit formé une garde extraordinaire tant que durera le danger de la patrie.

Les dangers croissent, l'insurrection de la Vendée éclate, aucune troupe ne s'y trouve pour la combattre. La Convention s'adresse au dévouement de Paris.

On envoie des commissaires dans les sections, et le 13, 14,000 hommes et 80 pièces de canon partent pour la Vendée.

Le 20 mai, on décrète un emprunt forcé

d'un milliard sur les riches. Le 23 mai, on ordonne la première réquisition; la Gironde s'oppose à toutes ces mesures.

Le peuple de Paris, effrayé de l'état de la Convention, où les partis s'entre-déchiraient et perdaient de vue le danger de la patrie, se décide pour les membres patriotes, et demande, le 31 mai, l'exclusion de ceux qui s'opposaient à toutes les mesures énergiques que réclamait le salut de la patrie. Leur arrestation fut prononcée le 3 juin. Depuis ce jour, la Convention ne fut plus gênée dans les mesures qu'elle prit pour organiser le dévouement du peuple.

La Convention apprend successivement l'insurrection des départemens de l'Eure, du Calvados, de la Manche, de la Bretagne, de la Gironde, des Bouches-du-Rhône, de la Lozère, du Rhône, sous l'influence des fédéralistes; la Vendée s'étend et prend Saumur; l'armée du nord, sans généraux, subit de nouveaux revers; Lyon se soulève, Toulon se donne aux Anglais, Nantes et Bordeaux se mettent en état de résistance ; la Convention fait face à tous ; le comité de salut public est renouvelé le 10 juillet, et composé des hommes les plus patriotes de la Convention ; les comités révolutionnaires sont organisés, et, par eux, la réquisition est activée. On décrète, en outre, l'organisation d'une compagnie de canonniers dans chaque département, et d'une force armée révolutionnaire dans Paris, avec six compagnies de canonniers à la disposition du ministre de la guerre.

Le 12 juin, un corps de 1000 canonniers, avec 48 bouches à feu, part de Paris pour aller reprendre Saumur, et des ateliers s'ouvrent partout à Paris pour la confection des armes.

Le 1er août 1793, l'effectif des armées était de 528,000 hommes ; 115,000 se préparaient à les rejoindre. Le 10 août 1793, on apprend la prise de Condé, de Valenciennes, la marche des ennemis sur Péronne.

Le 12, les représentans des assemblées primaires, réunis à Paris pour l'acceptation de la constitution, demandent la levée en masse et la mise en arrestation des suspects. (1)

Ces propositions sont décrétées le 23 août, et le 15 septembre, la réquisition est décrétée en ces termes :

« Art. 1er. Dès ce moment jusqu'à celui où les ennemis auront été chassés du territoire de la république, tous les Français sont en réquisition permanente pour le service de la patrie. »

« Les jeunes gens iront au combat, les hommes mariés forgeront des armes et transporteront les subsistances; les femmes feront des tentes, des habits et serviront dans les hôpitaux; les enfans mettront le vieux linge en charpie, les vieillards se feront porter sur les places publiques pour exciter le courage des guerriers, prêcher la haine des rois et l'unité de la république. »

Le 25 septembre, de nouveaux revers sont annoncés; les membres revenus de Valen-

(1) Séances des 11, 12 et 14 août 1793.

ciennes, Duroy et Briey accusent le comité de salut public. Robespierre leur répond et s'écrie : « Si on veut adjoindre au comité de » salut public le membre de la Convention » qui était dans Valenciennes quand l'en- » nemi y est entré, je m'en retire à l'instant... » *Cet homme ne répondra jamais à cette ques- » tion : êtes-vous mort ?*..... Si j'avais été à Va- » lenciennes dans cette circonstance, je n'au- » rais jamais été dans le cas de vous faire un » rapport sur les événemens du siége..... Et je » vous le déclare, je ne serai point du comité » dont un tel homme fera partie. »

L'assemblée tout entière se lève et déclare que le comité de salut public a toute sa confiance.

Le 10 octobre 1793, la Convention décrète que le gouvernement de la France sera révolutionnaire jusqu'à la paix.

Le 1er thermidor an II (18 juillet 1794), l'armée de la république comptait 750,000 hommes présens, 1,026,000 à l'effectif, sans compter 100,000 qui avaient marché pour diverses circonstances, comme le siége de Lyon et de Toulon, le soulèvement de l'Eure et du Calvados, etc.

Il ne restait plus sur le sol français d'autres ennemis que la garnison de Valenciennes, Condé et le Quesnoy, et le 16 messidor, la Convention rendit le fameux décret ainsi conçu (1).

« Toutes les troupes des tyrans coalisés,

(1) Voici comme Carnot raconte les causes et les résultats de ce décret :

« Après la bataille de Fleurus, gagnée le 8 messidor an II, l'ennemi était repoussé au loin ; nous formâmes sur-le-champ le blocus des quatre places tombées au pouvoir de l'ennemi, et qui formaient la trouée ; celles de Landrecies et le Quesnoy furent bientôt enlevées par des attaques régulières ; mais il restait les plus difficiles et les plus importantes, Valenciennes surtout, qui avait été parfaitement réparée par l'ennemi, complétement approvisionnée, renfermant une forte garnison et une immense quantité d'artillerie. Nous n'avions de notre côté aucun des moyens nécessaires pour former un siége régulier, à peine pouvions-nous maintenir le blocus, le matériel nous manquait absolument ; et cependant il était de la plus haute importance de reprendre ces places au plus vite pour renforcer des troupes qui formaient le blocus, l'armée active qui faisait tête aux ennemis, et qui avait grand besoin de ce secours. C'est dans ces circonstances que nous nous déterminâmes à sommer les gar-

renfermées dans les places du territoire français, et qui ne se seront pas rendues à discrétion, vingt-quatre heures après la sommation qui leur en sera faite par les généraux de la république, ne seront admises à aucune capitulation et seront passées au fil de l'épée. »

Les libérateurs de la patrie ne furent pas témoins de son dernier triomphe. Leur mission était accomplie : ils périrent le 10 thermidor, ne laissant plus à ceux qui les avaient sacrifiés autre chose à faire que de consolider ce qu'ils avaient si courageusement et si complétement établi : le triomphe de la volonté du peuple français et la délivrance de son territoire.

Résumons en chiffres ces opérations.

Le rapport du ministre de la guerre Pétiet,

nisons de ces places à se rendre à discrétion ; les menaces étaient d'autant plus violentes, que nous avions moins de moyens de les exécuter. Ces places se rendirent, la trouée fut rebouchée, nos détachemens rejoignirent l'armée, et *nous eûmes dès lors sur les forces coalisées un ascendant qui s'est constamment maintenu* (*Défenses des places*, chap. III).

du 4 floréal an v, donne un état des forces successives de la république, où l'on trouve les résultats suivans :

Année.	Mois.	Effectif.	Présens aux arm.
1792	1er décembre. .	160,230	139,500
1793	1er janvier. . .	218,984	194,716
id.	1er février.. . .	228,644	204,500
id.	1er mai.. . . .	471,290	397,300
id.	1er juillet.. . .	599,557	483,000
id.	1er août.. . . .	645,195	528,900
an II.	vendémiaire. .	628,223	554,938
id.	pluviôse. . . .	760,922	632,101
id.	messidor. . . .	862,552	713,255
id.	thermidor. . .	1,026,952	732,474
an IV.	vendémiaire. .	757,062	455,752
an V.	vendémiaire. .	552,423	373,324

On voit qu'en l'an II, l'armée de la république avait atteint son summum, et que trois ans après elle avait décru de moitié.

Dans un autre document imprimé au ministère de la guerre, en 1815, et intitulé rapport sur les moyens employés pour recruter l'armée française, on trouve les résultats suivants :

Les appels antérieurs au premier mars 1793, produisirent. . . . . 309,000 hommes
Les corps isolés peuvent être évalués à 113,000
La levée des trois cent mille hommes a produit 136,400
Celle de trente mille hommes de cavalerie 28,200
La deuxième réquisition (levée en masse) a fourni . . 425,400

Total 1,011,000 hommes

La levée en masse alimenta l'armée pendant cinq ans.

A la fin de 1798, la conscription fut établie.

De 1798 à 1814 dix-huit classes ont été appelées.

Elles ont compris : 5,692,164 hommes.
1,686,949 ont été réformés.
2,406,673 ont été appelés.
2,022,201 ont été incorp.
264,763 ont été insoumis.
115,000 rempl. ont été ad.

Le remplacement total a coûté 345,000,000 f. chaque remplacement à coûté terme moyen, 3000 f.

322,476,073 fr., d'amende ont été portés.

4,933,004 fr. d'amende ont été recouvrés.

On voit par ces résultats que la défense nationale vécut pendant cinq ans, sur la forte impulsion que lui donna la Convention secondée par le dévouement du peuple, et de Paris en particulier, et les résultats de la conscription du directoire et de l'empire, pendant quatorze ans, comparés à l'appel de la Convention pendant deux, prouvent qu'il y a, dans une nation, une grande différence entre le dévouement forcé et le dévouement volontaire. (1)

(1) Voici ce que disait de cette époque le maréchal Gouvion-Saint-Cyr (*Mémoires sur les campagnes des armées du Rhin*, de 1792 à 1796) : « La désertion avait enlevé à l'armée une multitude de soldats, et l'émigration 12,000 officiers, la discipline était altérée, son instruction militaire était nulle, la cavalerie était passable, l'artillerie excellente. Mais de toutes parts on courut aux armes; tout ce qui se sentait en état de supporter les fatigues de la guerre se précipita dans les camps : un jeune homme aurait rougi de rester dans ses foyers quand l'indépendance nationale paraissait menacée. Chacun abandonna ses

Mais dira-t-on à quoi bon des fortifications et une armée, avec une Convention et un peuple ! Nous répondrons à cela, qu'il n'y a pas seulement dans une nation un peuple qui se dévoue, et un pouvoir qui l'organise, il y a encore la trahison qui est l'auxiliaire de l'ennemi, l'égoïsme qui résiste au dévouement général, et l'inexpérience qui peut rendre ce dévouement inutile; il faut donc une armée pour l'organiser, et des places pour neutra-

études, sa profession; et des armées s'improvisèrent, qui assurèrent le triomphe de la France, etc. »

Le maréchal Saint-Cyr ajoute une réflexion remarquable, c'est que non-seulement le sentiment politique existant alors influa sur l'organisation militaire, mais encore sur les détails mécaniques du métier. « Ainsi, dit-il, l'ordonnance de 1791, née d'une époque ou le sentiment militaire de la révolution n'existait pas, devenait presque inutile aux armées qu'il avait créées, tandis que la loi de discipline née sous l'empire de ce sentiment était parfaitement adaptée à ces armées. »

On ne peut trop engager les personnes qui veulent connaître l'histoire militaire de cette époque à lire ce mémoire d'un militaire patriote. Ceux de Servan sont pleins d'intérêt également; mais ayant été écrits dans une vue justificative, il faut se défier de leur esprit. Du reste, nous le répétons, l'histoire militaire de la révolution est entièrement à refaire, et nous ne pouvons à cet

liser les revers que peuvent amener la trahison et l'inexpérience.

Ceci nous conduit à la nécessité de pénétrer dans le camp ennemi, pour faire le tableau de la trahison, après avoir fait celui du dévouement, dans le camp national.

Nous en prendrons les élémens dans un livre qui certes n'est pas suspect, c'est l'histoire de la révolution, par un des hommes qui ont travaillé à la contre-révolution chez l'étranger, le prince de Hardenberg : on sait, en effet, que les mémoires tirés des papiers d'un homme d'état, ont été rédigés par son secrétaire M. Schœll, l'un des publicistes les plus célèbres de l'Allemagne : c'est de cet ouvrage

égard que citer le passage suivant d'un auteur assurément bien contraire à la révolution, mais dont les vues élevées atteignaient à tout ce qu'il y a de grand dans l'humanité. « Lisez les belles réflexions de M. le général Dumas, sur la guerre actuelle, » dit M. de Maistre dans ses *Considérations sur la France* publiées en 1797, « vous y verrez parfaitement *pourquoi*, mais point du « tout *comment*, elle a pris le caractère que nous voyons. Il » faut toujours remonter au comité de salut public, qui fut un » miracle, et dont *l'esprit* gagne encore les batailles. » Certes ici, M. de Maistre a été plus loin que tous les historiens de la révolution.

que nous tirons *textuellement* nos preuves de l'histoire diplomatique et militaire de la révolution. (1)

» Avant que la révolution française, dit-il, ne vînt ébranler le monde, l'Europe était réellement dans une sorte d'équilibre politique, garant de l'ordre social. » (Page 5.)

« Léopold, jugea que le moment était venu de faire sentir aux souverains qu'il fallait se hâter d'étouffer leurs dissensions et leurs querelles, pour se préparer à résister à l'ennemi commun. » (Page 92.)

« Un traité fut signé le 25 juillet 1790, entre la Prusse et l'Autriche, traité qui engageait toutes les autres puissances et par lequel les deux premières s'unissaient à la Russie, pour en finir avec la Pologne ; à la Hollande et l'Angleterre, pour soumettre la Belgique. La révolution belge fut terminée le 21 novembre 1790, celle de la Pologne ne le fut que quatre ans plus tard. » (Page 96.)

(1) L'auteur a donné à son ouvrage un second titre qui en fait voir toute la portée : *Histoire des causes secrètes qui ont déterminé la politique des cabinets dans la guerre contre la révolution.*

« Dès lors, les hommes d'état de l'Europe et les émigrés regardèrent la Belgique comme le pont par où la contre-révolution passerait en France, et ils pensèrent que la politique de cabinet devait se borner à surveiller la révolution de Paris. » (Page 102.)

« Louis XVI instruit des dispositions des principales puissances de l'Europe, leur écrivit pour les inviter à le tirer de la cruelle position où il se trouvait. » (Page 103.)

« Voici la lettre que reçut le roi de Prusse; elle était datée du 3 décembre 1790.

» Monsieur mon frère,

» J'ai appris par M. Demoustier l'intérêt que » votre majesté avait témoigné, non-seulement » pour ma personne, mais encore pour le bien » de mon royaume. Les dispositions de votre » majesté à m'en donner des témoignages dans » tous les cas où cet intérêt peut être utile » pour le bien de mon peuple, ont excité vi- » vement ma sensibilité; je le réclame avec » confiance dans ce moment-ci, où malgré » l'acceptation que j'ai faite de la nouvelle

» constitution (1), les factieux montrent ouvertement le projet de détruire le reste de la » monarchie. Je viens de m'adresser à l'em» pereur, à l'impératrice de Russie, aux rois » d'Espagne et de Suède, et je leur présente » l'idée d'un congrès des principales puissances » de l'Europe, *appuyé d'une force armée*, » comme la meilleure mesure pour arrêter ici » les factieux, donner les moyens d'établir un » ordre de chose plus désirable, et empêcher » que le mal qui nous travaille puisse gagner » les autres états de l'Europe. J'espère que » votre majesté approuvera mes idées, *et* » *qu'elle me gardera le secret le plus absolu sur* » *la démarche que je fais auprès d'elle;* elle » sentira aisément que les circonstances où je » me trouve, m'obligent à la plus grande cir» conspection : c'est ce qui fait qu'il n'y a que » le baron de Breteuil qui soit instruit de mon » secret, et votre majesté peut lui faire passer » ce qu'elle voudra, etc. »

« D'un autre côté la Russie et la Suède, s'ap-

(1) Il ne s'agissait ici que de l'acceptation des décrets constitutionnels, conséquences du serment du jeu de Paume.

puyant sur la détresse du roi de France, constatée par sa dépêche secrète et pressante, excitèrent l'empereur et le roi de Prusse à intervenir, aidés de toutes leurs forces pour étouffer les semences d'une révolution contagieuse. » (Page 106.)

«Le moment était opportun. Voici en dernier lieu ce qui s'était passé à Paris à l'ombre des intrigues secrètes, dont le roi et la reine étaient le centre et l'objet. Le plan que Mirabeau, gagné par la cour, avait tracé pour sauver la monarchie s'étant évanoui par sa mort inopinée, le roi et la reine éperdus chargèrent le ministre Montmorin de presser la coalition des puissances... Montmorin s'en ouvrit au comte de Mercy Argenteau qui, pour mieux couvrir ses relations diplomatiques, allant tantôt à Bruxelles, tantôt à La Haye, informait le ministre de Louis XVI des progrès de la négociation. » (Page 113).

« C'est alors qu'eut lieu la circulaire du 23 avril dans laquelle le roi, *par l'organe du même ministre Montmorin*, faisait l'éloge le plus pompeux de la constitution, et se déclarait parfaitement libre. » (Page 115.)

« Mais le roi envoya aussitôt des agens secrets avec des dépêches propres à être communiquées aux souverains étrangers. Il y protestait contre toute sanction qu'il se verrait contraint de donner aux décrets de l'assemblée nationale, et aux actes émanés de ses propres ministres, déclarant que toutes les démarches qu'il faisait en faveur de la constitution *devaient être interprétées dans un sens opposé*, et que plus il y témoignerait d'y accéder, plus il désirerait se voir promptement affranchi de sa situation forcée...

» Le roi et la reine envoyèrent le comte de Durfort au comte d'Artois pour lui annoncer que, ne pouvant plus se fier à leurs ministres, leur intention était d'effectuer leur évasion vers Metz, et en outre ils le chargèrent de désavouer la lettre aux ambassadeurs (1). » (Page 116.)

« Le comte d'Artois rejoignit l'empereur à Mantoue, le 20 mai. C'est là qu'eut lieu le germe de la première coalition dans les confé-

(1) Ces instructions sont détaillées dans les Mémoires de Bertrand Moleville.

rences de l'empereur avec les envoyés d'Angleterre et de Prusse. » (Page 117.)

« Le comte d'Artois y soumit le plan par lequel 100,000 étrangers réunis aux royalistes de l'intérieur et de l'extérieur devaient opérer la contre-révolution (2). L'empereur corrigea de sa main le plan, et fixa au mois de juillet la marche des troupes. » *(Idem.)*

« La fuite du roi fut résolue d'après les conseils du baron de Breteuil qui, au dehors, traitait avec les cabinets au nom du roi. La connaissance du plan fut donnée à toutes les cours. L'empereur donna ordre au gouvernement des Pays-Bas de mettre à la disposition du roi toutes les troupes et tout l'argent qu'il demanderait. » (Pages 119 et 120.)

« L'arrestation de Louis XVI paralysa tous les projets des cabinets : *ce fut alors que l'attitude que prit dans Paris une faction menaçante (le jacobinisme) appela toute l'attention*

(2) Ce plan est contenu dans les Mémoires de Calonne, de Vauban, etc.

du parti constitutionnel, et paralysa la politique de Léopold. Cette faction provoquait la déchéance du roi et sa mise en jugement; ses rassemblemens furent dispersés au Champ-de-Mars et ses manœuvres déjouées. Alors le parti constitutionnel *songea aux ressorts de la diplomatie.* » (Page 122.)

« Le 6 juillet l'empereur invita par une circulaire les souverains à se concerter avec lui, pour déclarer : qu'ils regardaient tous la cause du roi très-chrétien comme la leur. » (P. 122.)

« Le 25 juillet une convention fut signée entre l'empereur et le roi de Prusse, pour stipuler le concert auquel l'empereur venait d'inviter les autres souverains, etc. » (Page 125.)

« Monsieur frère du roi, ayant réussi dans sa tentative d'évasion, fit connaître au roi de Prusse que l'intention formelle de Louis XVI était que les princes ses frères fissent de concert, en son nom, tout ce qui pourrait servir au rétablissement de sa liberté, etc. » (P. 136.)

« L'entrevue de Pilnitz eut lieu le 27 août, et le comte d'Artois y assista avec M. de Calonne ; là fut consentie la déclaration suivante :

« S. M. l'empereur et S. M. le roi de » Prusse, ayant entendu les désirs et les » représentations de Monkau et de M. le » comte d'Artois, déclarent conjointement, » qu'elles regardent la situation où se trouve » actuellement S. M. le roi de France, comme » un objet d'un intérêt commun à tous les » souverains de l'Europe. Elles espèrent que » cet intérêt ne peut manquer d'être reconnu » par les puissances dont le secours est ré- » clamé, et qu'en conséquence, elle ne refu- » seront pas d'employer conjointement avec » leurs dites majestés, les moyens les plus » efficaces relativement à leurs forces pour » mettre le roi de France en état d'affermir » dans la plus parfaite liberté, les bases d'un » gouvernement monarchique *également con-* » *venable aux droits des souverains*, et au » bien-être des Français. Alors, et dans ce cas, » leurs dites majestés sont décidées à agir » promptement et d'un mutuel accord avec les

» forces nécessaires, pour obtenir le but pro-» posé en commun. En attendant elles donne-» ront à leurs troupes les ordres convenables » pour qu'elles soient à portée de se mettre » en activité. »

« Telle fut cette déclaration, *qu'arrachèrent les importunités des chefs de l'émigration française.* » (Page 146.)

« L'empereur, à cette époque, 3 décembre adressa un monitoire aux cercles d'Allemagne pour les inviter à empêcher « la circulation » des écrits séditieux, à prévenir toute per-» turbation de l'ordre public, en forçant » chacun de se soumettre à l'autorité des ma-» gistrats et même de se prêter de mutuels » secours en cas d'émeute, etc. (1) » (P. 176.)

« L'office, du 3 décembre, de l'empereur fut soumis à l'assemblée nationale, ainsi que le refus de l'électeur de Trèves de faire cesser les rassemblemens d'émigrés, et le 19 décem-

(1) Cette pièce est remarquable par sa conformité avec les mesures prises dernièrement par la diète de Francfort.

bre l'assemblée chargea Condorcet de rédiger une déclaration solennelle des principes de la France. » (Page 176.)

« Le 21 décembre, l'empereur répondit qu'il ferait appuyer l'électeur de Trèves par un corps de troupes commandé par le maréchal de Bender. L'empereur y représentait en outre *les souverains réunis en concert pour le maintien de la tranquillité publique et pour la sûreté et l'honneur des couronnes*. L'assemblée vit là l'existence d'une ligue formée contre la révolution, et *c'est alors que ce projet, soupçonné par un très-petit nombre de personnes, fut avéré*. Dès lors les hommes modérés virent décliner leur influence ; et la fermentation des esprits fut au comble. » (Page 196.)

« Le cabinet de Léopold était divisé en deux partis : l'un, partisan des mesures violentes ; l'autre, temporiseur, *soutenu par des relations directes avec la reine, et un comité clandestin dont Barnave et Duport étaient les chefs*. »

« Un traité fut signé le 7 février 1792, entre l'empereur et le roi de Prusse, pour agir contre la France. » (Page 219.)

« Le 27 février, la cour d'Autriche donna les explications demandées par le décret du 25 janvier; ces explications étaient un manifeste contre le parti républicain (1). Le parti des Jacobins en tira un surcroît de force. Les ministres furent changés. L'empereur Léopold mourut, François II lui succéda. Ses vues furent consignées dans une note que Dumouriez fit connaître à l'assemblée, et où l'on demandait le rétablissement de la monarchie sur les bases de la déclaration royale du 25 juin 1789. L'assemblée décréta la guerre le 21 avril. Cette déclaration fut connue à Berlin et à Vienne, quelques jours d'avance, par la correspondance secrète émanée de Paris. » (P. 330.)

« Louis XVI envoya au roi de Prusse Mallet-Dupan, dont les conférences eurent lieu du 15 au 20 juillet. Les monarques lui accordèrent toute confiance, et les intentions de

(1) Madame de Staël dit que cette pièce fut rédigée par les constitutionnels, et envoyée par la reine à l'empereur. Il est certain qu'elle fut rédigée sur le Mémoire trouvé dans l'armoire de fer, et intitulé : *Projets du comité des ministres, concerté avec MM. Lameth et Barnave.*

Louis XVI leur étaient connues; ils pensaient y avoir conformé leur politique. » (Page 401.)

« Le manifeste du duc de Brunswick, rédigé par un émigré français, le marquis de Limon, parut le 25 juillet. Le 10 août, le trône de Louis XVI fut renversé ; le 12, les troupes entrèrent en France, suivies du corps des émigrés. » (Pages 409 et suivantes.)

« Longwy fut pris le 23 août; Verdun le 30, par une émeute de la bourgeoisie et d'une partie de la garnison; le roi de Prusse y reçut une adresse pleine de sentimens royalistes. » (Page 424.)

« Rien n'égalait à Paris, l'ardeur du conseil exécutif provisoire; toutes les levées, tous les moyens de défense, il les dirigeait sur Châlons. Dumouriez entretenait son audace et son énergie par une correspondance officielle active, et par une autre particulière avec Danton. » (Page 458.)

« La prise de Longwy, avait fait dans Paris une sensation profonde, on s'y était cru perdu, à la nouvelle que Verdun allait aussi tomber au pouvoir des Prussiens. On ne douta pas alors que le duc de Brunswick ne vînt exécuter les menaces contenues dans ses manifestes. Danton, relevant les courages, s'opposa avec vigueur au projet d'abandonner Paris, et de se retirer vers la Loire. Mais ici commencent les atrocités.

» Danton et la commune souillent Paris des massacres de septembre, scènes épouvantables, au moyen desquelles lui et ses complices prétendent conjurer les dangers de la patrie.

» Ces moyens terribles ne furent pas sans effet; le 20 septembre eut lieu l'affaire de Valmy. » (Page 460.)

Nous nous arrêtons ici : il faut voir dans l'auteur le détail des intrigues qui succédèrent à l'affaire de Valmy, intrigues dont le résultat fut l'évacuation pacifique du territoire, par une armée qui alla se reformer au-delà des frontières.

Dans ces intrigues on voit figurer Dumouriez, le duc de Brunswick, Danton et son intime confident Fabre d'Églantine, Sillery, créature de d'Orléans, et le général Dillon qui fut chargé de reconduire les Prussiens, avec Kellermann, seul honnête homme qui figure au milieu de cette bande d'intrigans.

Nous n'ajouterons plus que deux citations. « Le 30 septembre, il y eut une conférence secrète avec deux colonels prussiens, sous divers prétextes. L'un d'eux propose à Dumouriez de traiter sous les conditions suivantes : la délivrance du roi, la restitution de son autorité comme avant le 10 août ; la remise des places au nom du roi. Dumouriez venait de recevoir à l'instant le bulletin de la première séance de la Convention nationale, qui abolissait la royauté ; il ne dissimula point qu'il regrettait infiniment que les choses fussent poussées à une telle extrémité, d'autant plus qu'il n'y voyait aucun remède.

» Pendant ce temps, le major Massenbach, s'entretenant avec Dillon, après le dîner, ce général l'invita à dire au roi de Prusse que le parti républicain ayant triomphé, le roi et sa famille ne pourraient être sauvés que si la coalition consentait à reconnaître la république et à conclure la paix, ajoutant à voix basse *que la paix anéantirait la république et ferait naître des partis qui rétabliraient le roi sur son trône;* que si, au contraire, on s'acharnait à la guerre, la monarchie et toute la noblesse étaient perdues.... Puis, voyant qu'on l'observait, il ouvrit la fenêtre, et, se penchant en dehors : « Voyez, dit-il à Massenbach, la belle contrée. » Le major l'ayant compris, se pencha de même, et alors Dillon lui dit à l'oreille : « Avertissez le roi qu'on travaille, à Paris, à un projet d'invasion en Allemagne, parce qu'on sait qu'il n'y a pas de troupes allemandes sur le Rhin. » (Page 468.)

Encore un mot : le même Dumouriez, les mêmes généraux qui figuraient à cette entrevue du 29 septembre 1792, commandaient l'armée pendant la première campagne de 1793, qui se termina par la trahison de Dumouriez, la prise, au nom de l'empereur, de Valenciennes, Condé et le Quesnoy, et la marche de l'ennemi sur Péronne. Nous avons vu comment la Convention répondit à ces désastres amenés par la trahison.

Le prince de Cobourg disait dans sa proclamation du 2 avril : « qu'il marcherait avec l'armée française et le brave général Dumouriez sur Paris, pour y rétablir l'ordre et l'autorité souveraine : » et, le 11 avril, le même prince de Cobourg, qui un mois après s'emparait de Valenciennes et de Condé, au nom de l'empereur et pour l'empereur, écrivait aux commissaires de la Convention que Dumouriez n'avait jamais été occupé que du bonheur de sa patrie. Nous regrettons de ne pouvoir citer ces pièces remarquables, qui font voir comment de certaines personnes envisagent le sentiment national.

L'histoire de la trahison de Dumouriez est un des phénomènes historiques les plus curieux, et les plus propres à prouver combien les événemens se ressentent de la différence du sentiment moral existant chez les hommes qui les déterminent. Dumouriez et le prince de Cobourg crurent, peut-être de très-bonne foi, que l'intérêt de la France et de l'Europe exigeait qu'une armée étrangère marchât avec une armée française sur Paris, pour en chasser ce que Dumouriez appelait les trois cents coquins, et les quatre cents imbéciles qui dirigeaient les destinées de la nation.

Il est inutile de continuer ces détails, nous en avons dit assez pour prouver que les révolutions ne s'opèrent violemment que parce que l'égoïsme oppose une résistance désespérée à des besoins nécessaires, et qu'elles sont obligées d'opposer une violence progressive aux efforts progressifs de l'égoïsme, qui va, sous toutes les formes, leur chercher des ennemis au dedans et au dehors.

Lorsque la nation fut à bout du résultat conquis par la Convention, il lui fallut se jeter dans les bras du seul homme au patriotisme et au talent de qui elle pouvait se fier, Napoléon.

Napoléon promena la révolution par toute l'Europe, et il fut heureux tant qu'il n'eut contre lui que les souverains; mais quand son égoïsme voulut se servir de la révolution pour faire du monarchisme et de l'aristocratie à son profit; quand il voulut, comme Louis XIV, faire des rois de sa famille, il eut contre lui la réaction des peuples étrangers, l'abandon du peuple français, et la trahison de l'aristocratie (1).

C'est ce qui nous amena la restauration et le traité de Vienne, grande mystification des peuples, qui crurent s'être rendu un service, et qui ne firent autre chose que de servir d'instrument à l'organisation nouvelle de l'intérêt des couronnes.

Ce traité est un monument des plus curieux

(1) Nous pourrions faire ici une histoire de la trahison de 1814, aussi curieuse que celle de la trahison de 89 à 93; car il y a aussi des indiscrets qui ont parlé, et des ambitieux ou des glorieux qui se sont vantés. Nous nous contenterons de renvoyer le lecteur au *Mémoire historique de la restauration*, par M. de Pradt.

Nous ne parlerons pas non plus des Cent-Jours, époque curieuse où la trahison et le défaut de sentiment national jouèrent aussi un grand rôle : ces époques ne sont que des phases et des épisodes du grand drame politique si largement tracé en 1793, et dont le dénouement est loin encore; mais les principes et le but sont toujours les mêmes, c'est la lutte de l'égoïsme et du dévouement, variés seulement par la différence des temps et des hommes. Du reste c'est une histoire tout entière de la révolution à refaire, sous le point de vue du sentiment populaire.

de l'histoire européenne, dont l'examen se lie essentiellement à la question que nous traitons ici.

Il est nécessaire, pour bien connaître l'esprit du traité de Vienne, de remonter un peu plus haut dans l'histoire de la diplomatie européenne.

L'unité française ayant été établie sur sa base systématique par l'immortel cardinal de Richelieu, le système qu'elle reconnaissait fut imposé à toute l'Europe, d'abord par le traité de Munster, puis par celui de Westphalie, en 1648. Ce traité régla, comme on le dit, l'équilibre européen, ou le droit public de l'Europe. Nous avons dit que c'était l'égoïsme souverain organisé.

Ce droit public domina toutes les relations diplomatiques jusqu'en 1789 ; il se trouve résumé dans le fameux office du 3 décembre 1791, dont nous avons cité le passage sur le concours des couronnes.

La révolution française brisa elle-même ce système, cent cinquante ans plus tard, en proclamant un principe de souveraineté nouveau, qui, par conséquent, rendait impossible le rétablissement de l'ancien droit public; car, s'il y a un axiome en droit, c'est que les relations qu'il consacre ne peuvent exister qu'en vertu d'un principe commun, reconnu par tous ceux qu'il engage.

Or, il n'y a que deux choses au monde, et qui aient valeur dans les faits humains, la force et le droit, et là où le droit ne domine pas la force, c'est la force qui domine le droit; la force seule pouvait donc rétablir le droit public existant avant 1789, ou faire reconnaître le droit politique français.

Ce fut, en effet, la force qui fit reconnaître la république française, quand elle conservait son principe dans toute sa pureté. Ce fut encore par la force que Napoléon obligea les puissances européennes à former un système politique avec lui, et ce fut lui qui dicta le droit public d'alors.

Cela est si évident, que la seule nation qui ait été en dehors de l'action de cette force, l'Angleterre, n'a pas reconnu ce droit public.

Ce fut encore par la force que la réaction

européenne devait réimposer à la France ce système politique introduit par elle deux cents ans auparavant en Europe, et qu'elle avait répudié en vertu d'un progrès social nouveau.

Le mot de légitimité, si bien inventé par les aristocrates qui lient leur cause à celle des souverains, résume parfaitement ce système; c'est, en effet, une existence légale reconnue à tous les privilèges domaniaux, dont le premier est d'être propriétaire de l'état, c'est-à-dire roi, par ligne directe de succession, tous les autres propriétaires remontant jusqu'à lui par une relation de privilèges fondés sur le même principe.

Si l'on doutait de ce que nous venons de dire, il suffirait de parcourir ce traité, où les états sont considérés comme des domaines, dont l'homme est le bétail, et dont on traite comme d'une métairie; les propriétaires se les garantissant entre eux.

Art. 44. Le roi de Bavière possédera pour lui, ses héritiers et ses successeurs, en toute propriété et souveraineté, le grand duché de Wurtzbourg,

tiré pour un coin de terre en Europe aménera, la révolution sur le terrain, et que toute désunion entre deux souverains donne un ennemi de moins à cette révolution.

Or, une guerre de principes est une guerre d'invasion, car elle va directement au foyer du principe, tandis qu'une guerre de territoire est une guerre de frontières, car là est le territoire disputé.

La conséquence directe de ces vérités est que Paris sera dorénavant le but de toutes les attaques de l'aristocratie européenne, le sujet de toutes les guerres où la France sera engagée désormais, quelle qu'en soit l'époque.

Voilà la question ramenée à ses vrais principes; osons maintenant l'examiner hardiment.

En vain le gouvernement français a-t-il promis à l'Europe que la révolution n'irait pas plus loin, et que le foyer ne jetterait plus de flammes; il est un cratère hors de son pouvoir, c'est celui par lequel s'échappe la pensée : la liberté de la presse. Les souverains le savent bien, et ils ont les yeux constamment tournés vers ce danger qui menace directement leur existence; ils ont donc pris toute leurs garanties comme en 1790; mais la situation n'est pas la même, car leurs amis, les représentans du principe qui les unit ne sont pas en France, et par conséquent ils ne craignent pas pour leur existence; ils se contenteront donc d'observer la révolution, de la livrer à la paix, comme disait Dillon, en épiant le moment de se jeter sur leur proie. Cette occasion peut naître de l'événement le plus simple, et le but des attaques, quelle que soit la cause primordiale de la guerre, sera le foyer du danger, Paris, centre de la révolution, point convergent de la contre-révolution venue de l'étranger et soutenue de l'intérieur. Quant au reste, il est facile de le pressentir; ce sera le partage de la France, en laissant à la troisième restauration un petit royaume compris entre la Seine, la Garonne et le Rhône, avec sa capitale à Bourges ou à Nantes, et en faisant de Paris une ville médiate sous la garantie des princes voisins; ou bien peut-être établira-t-on quelque chose de semblable, pour l'Europe, à ce qui existe pour la confédération germanique, à cette organisation qui produit de si beaux résultats pour le bien-être des peuples allemands (1). Quelque chose qui arrive, il y aura indispensablement une garantie efficace et puissante contre la révolution française et surtout contre le foyer de cette révolution, Paris.

Nous venons de traiter longuement, trop longuement peut-être, la partie morale de la question de la défense nationale; il nous paraît en résulter évidemment que Paris étant le centre de la pensée et de la volonté nationales, est aussi à la fois le but des attaques et le foyer de la défense; que l'instrument de cette défense, c'est le dévouement du peuple tout entier et le gouvernement qui l'organise; et que l'auxiliaire de l'ennemi étant la trahison et l'incapacité, il est indispensable de mettre à couvert le point qui est à la fois ce-

(1) Il n'est pas inutile de remarquer ici que l'article 2 et l'article 11 de l'acte fédératif établissant pour tous les états une garantie mutuelle en cas d'attaque, et une direction supérieure, il n'y a en réalité pour l'Allemagne d'autre droit politique que la volonté des souverains représentés à la diète.

lui vers lequel converge l'attaque, et duquel diverge la défense.

Examinons maintenant la question sous le point de vue militaire.

CHAPITRE V.

RECONNAISSANCE GÉNÉRALE DE LA FRANCE SOUS LE POINT DE VUE DÉFENSIF.

Toute opération de guerre suppose trois choses :

1° L'intention qui la fait naître ;

2° Le but que détermine cette intention ;

3° Les moyens d'exécution.

Les stratégistes ont traité en détail les deux dernières questions, et presque tous en général ont laissé de côté la première, ou la partie morale de l'opération qui doit cependant la dominer et la déterminer. Nous avons essayé de traiter la question morale dans le chapitre précédent, et, quelque embarras que présente l'exposé d'une proposition dont il faut faire en même temps la théorie et l'application, nous espérons avoir démontré, tant par les principes énoncés que par l'exposé de la guerre révolutionnaire, que l'opération de guerre a nécessairement un principe moral qui détermine ce que nous appelons son exécution.

Le général Jomini a essayé de traiter cette question dans son tableau analytique des grandes opérations militaires, et, sous ce rapport, il a été plus loin que tous les modernes depuis Machiavel, qui a été le professeur de la diplomatie et de la stratégie monarchique. Aujourd'hui il faut une théorie nouvelle, envisagée du point de vue populaire, et, à cet égard, nous n'avons d'autres leçons que celles qui nous ont été léguées par la Convention, qui faisait à la fois la théorie et la pratique.

Or, les leçons de la Convention n'ont été

envisagées qu'avec un sentiment de haine et d'horreur, et si elles ont porté quelque profit, c'est qu'elles ont été mises en pratique et régularisées par son élève direct, Napoléon, qui les a, pour ainsi dire, mises à la portée des gens du monde, en les dégageant de tout ce qui peut répugner dans la lutte désespérée d'un peuple et de ses chefs contre l'aristocratie.

Napoléon n'a pourtant eu, dans toute son action militaire, d'autre mérite que de com prendre et de bien appliquer le sentiment populaire développé par la révolution française, et son secret consistait à ne jamais douter du soldat, à profiter du sentiment de force qui est en lui, et à lui en donner l'intelligence.

C'est là tout le talent de l'homme d'état comme du chef d'armée ; c'est de découvrir le sentiment populaire, et d'en donner l'intelligence à ses instrumens.

Avec une pareille maxime l'exécution n'est plus qu'un jeu.

Si Napoléon n'eût pas perdu l'intelligence du peuple français, et eût mieux compris les désirs des peuples étrangers, il eût été le bienfaiteur de l'Europe : il fallait pour cela ne pas bâtir, sur l'orgueil d'une aristocratie bourgeoise ridicule, une féodalité plus ridicule encore ; organiser le peuple polonais, le seul qui eût l'intelligence du sentiment français, et donner aux peuples allemands les moyens de l'entendre, et de s'organiser eux-mêmes.

Mais le jour où Napoléon eut le moyen de faire tout cela, il cessa d'avoir pour principe le sentiment de la révolution française, et il n'eut plus pour mobile de son action militaire que son égoïsme.

C'est à cela que nous devons les deux restaurations, qui n'eussent certainement pas eu lieu si l'égoïsme des souverains d'Europe n'avait pas eu pour instrument le dévouement des peuples aveuglés, et l'indifférence ou le dégoût du peuple français. Toute l'histoire de l'Europe, jusqu'à ce qu'elle soit organisée sur un principe commun, passera dorénavant entre ces deux termes : action de la révolution française, réaction contre la révolution française.

Toute action militaire aura donc pour principe un de ces deux termes.

Nous n'avons plus qu'à examiner un seul de ces effets : réaction contre la révolution française ; là est le principe de la défense générale de notre pays.

Nous aurons d'abord à examiner si la distinction établie par les stratégistes, de deux systèmes de guerre, l'un défensif, l'autre offensif, est bien convenable et bien logique.

En principe, il n'y a de système de guerre défensif absolu que pour celui qui ne peut pas faire autrement.

Cette question a été traitée remarquablement par Montesquieu, aux livres 9 et 10 du chapitre III de *l'Esprit des Lois*.

Il laissa tomber du haut de son génie cette vérité qui a été si utile à la révolution française : que le fédéralisme ne peut convenir qu'entre pays étrangers l'un à l'autre, mais unis par un principe commun, et que l'unité est essentielle à la défense.

Quant à la guerre défensive, en la formulant comme loi de conservation des états, il établit que le droit de défense naturelle entraîne la nécessité de l'attaque.

Voltaire critiqua vivement cette théorie; elle eût été inattaquable si Montesquieu y eût fait entrer les droits des peuples, au lieu de ne considérer que les droits des souverains.

La question fut reprise sous la Convention, pendant la discussion de la constitution de 93.

Nous ne pouvons que renvoyer à cette mémorable séance du 15 juin, où elle est tout entière résumée dans ce peu de mots de Jean-Bon Saint-André, qui renferme les vrais principes :

« Toute guerre est par sa nature à la fois » offensive et défensive, car souvent on est » obligé d'attaquer pour prévenir une attaque. » Le gouvernement ne peut l'entreprendre s'il » n'est secondé par l'énergie nationale, et la » nation ne s'y dévouera que lorsque cet état » de crise sera nécessaire pour assurer son » repos, son bonheur et sa tranquillité; ja» mais pour une extension de territoire, qui » ne peut être une compensation aux malheurs

» qu'entraîne la guerre; c'est ainsi que nous » considérerons la défense du pays; car nous » ne sommes point de ceux qui croient aux li- » mites naturelles: la volonté des peuples, » telle est la limite naturelle d'un pays. »

La question morale de la guerre nous semble donc posée par la nécessité de défendre le principe de souveraineté émané de la volonté du peuple français ou des peuples qui l'ont adopté.

Quelle que soit l'origine de la guerre, avons-nous déjà dit, elle rentre forcément dans ce principe par la situation politique de l'Europe.

Le foyer du principe, Paris, est donc le but de l'attaque, et par conséquent le centre de la défense.

Dans les principes de la stratégie (1) le point objectif étant donné devient le sommet de tous les triangles qui forment l'échiquier de

(1) Le langage de la stratégie, tel qu'il est généralement reçu aujourd'hui, nomme point objectif le but des opérations d'une armée; elle appelle ligne d'opérations, les espaces consacrés à la manœuvre des armées qui y tendent, base d'opérations les lieux de rassemblement ou de départ de ces armées, et enfin

chaque opération de guerre; les bases de ces triangles sont les bases d'opération des diverses armées, les lignes d'opération sont les zones convergentes de ces bases au sommet, et qui se composent des diverses lignes de communications allant de la base au sommet.

Voilà pour l'attaque; quant à la défense, elle a les mêmes principes: son but est en arrière de sa base d'opération défensive, qui peut devenir la base d'une opération offensive,

lignes de communication les chemins par lesquels s'opèrent ces manœuvres. Nous n'avons pu adopter une terminologie dont pas une expression n'est logique. Ainsi la base d'opérations peut être un point, une place, un pont sur un fleuve, etc.; la ligne d'opérations est presque toujours une surface; le point objectif est presque toujours dépendant d'une autre relation qui en forme ou une ligne ou une surface; d'ailleurs cette qualification (objectif) tirée du langage philosophique allemand où elle est substantive, n'est point rationnelle en français, où l'objet d'une chose est toujours le sujet d'une autre; ce langage est donc entièrement à réformer; toutefois nous nous en sommes servis, pour être compris des hommes du métier; mais nous avons mêlé aux expressions didactiques celles purement usuelles de but, de champ ou théâtre d'opérations, etc., qui rendent tout aussi bien la pensée, et qui ont l'avantage d'être comprises de tout le monde.

dont le but sera d'abord l'un des points occupés par l'ennemi ; puis, quand l'offensive sera déterminée par la victoire, un autre point ou une autre base, au centre même de ses moyens d'attaques.

Dans ces principes, Paris étant considéré comme un point objectif principal de l'attaque et point subjectif (nous risquons ce mot) de la défense, les bases d'opérations primitives de l'attaque, comme de la défense, seront sur la zone des frontières. Ces bases d'opérations sont soumises à l'existence des lignes d'opérations qui conduisent directement d'un des points de rassemblement et de concentration de l'ennemi au but de l'invasion.

Ces points et ces lignes sont déterminées à la fois par le terrain et par les modifications qu'on lui a fait subir.

Les circonstances naturelles du terrain sont les vallées des rivières, et les chaînes de montagnes.

Les circonstances artificielles sont les forêts, les cultures, les communications, et les villes.

De ces diverses circonstances, les unes sont

offensives ou défensives, selon qu'elles sont transversales ou longitudinales, relativement au point objectif. Ainsi, si le point objectif est situé sur le cours d'une rivière, les affluens de cette rivière qui convergent vers le point où la ville est assise sont des lignes longitudinales ou offensives, tandis que les rivières qui forment des angles avec des affluens ou avec la rivière principale, font des lignes transversales ou défensives; il en est de même des montagnes, des forêts, etc.

Quant aux communications, elles sont offensives ou défensives, selon qu'elles entrent dans le système convergent de l'attaque, ou dans le système divergent de la défense.

Ainsi, si l'on suppose un pays idéal, dont la forme soit celle d'un cercle, et où la capitale soit au centre, cette capitale sera le but objectif de l'attaque, les bases d'opérations seront des cordes ou des tangentes de cette circonférence; les lignes (1) d'opérations seront les

(1) Les lignes d'opérations sont improprement nommées ainsi, et se confondent avec les lignes de communications. Le

triangles formés par ces bases unies au centre, et les lignes de communications seront les rayons compris dans cet espace : dans cette hypothèse, les lignes traversales seront toutes les cordes parallèles à la base d'opérations, et qui coupent la zone d'opérations.

Appliquons ces principes à la France, et essayons la reconnaissance générale des frontières au nord-est, dans ce point de vue. Paris étant le point central ou subjectif de la défense, et le point objectif de l'attaque, les lignes longitudinales qui y conduisent directement, et qui sont comme les rayons allant à la circonférence, sont la Seine et tous ses affluens, que, par une circonstance remarquable de son cours, elle reçoit presque tous dans une circonférence très-rapprochée de Paris; les principaux sont l'Oise et l'Aisne, affluens de droite à Conflans-Sainte-Honorine, la Marne, affluant de droite à Charenton, l'Yonne et l'Armançon, affluens de gauche à Montereau.

général Jomini le reconnaît dans son traité; il serait plus naturel de les appeler zones d'opérations.

Chacun de ces affluens forme une zone d'opération convergente vers Paris, dont la base se trouve sur tous les points d'intersection de leurs bassins avec la circonférence, formée par le bassin général de la Seine.

Les points extrêmes du bassin de l'Oise forment la circonférence extérieure du bassin de la Seine de Nouvion à Serancourt, sur une ligne parallèle aux frontières qu'elle rencontre près de Chimay.

Les lignes de communications principales comprises dans ce bassin sont la route de Paris à la Capelle, la route de Paris à Mons, par Laon. L'affluent principal de l'Oise est l'Aisne, dont le bassin s'infléchissant vers le sud forme une portion de la circonférence extérieure du bassin de la Seine, de Saint-Aubin, près Commercy à Donchery.

Le point de réunion de ces deux bassins est à Compiègne, confluent des deux rivières.

Le point de convergence du bassin de l'Aisne, vers Paris, est Reims, où se rencontrent les lignes de communications principales sur Mézières, par Rethel; sur Montmédy, par Vouziers et Stenay; sur Verdun, par Vouziers, Grand-Pré et Varennes. L'autre point de convergence est Soissons, qui est un des points de la grande communication de Paris à la frontière, par Laon, Nervins, Rocroy; et enfin, ce bassin comprend une partie de la grande ligne de Paris à Metz, entre Châlons et Verdun. Les lignes de communications transversales entre le bassin de l'Oise et celui de l'Aisne sont : la route de Mézières à la Capelle, par Rocroy; la route de Guise à Varennes, par Réthel et Vouziers; la route de Saint-Quentin à Reims, par Laon; la route de Chauny à Soissons.

Le bassin de la Marne forme la circonférence extérieure du bassin de la Seine, entre Saint-Aubin et Langres.

Le principal affluent de la Marne est l'Ornain; le point de réunion de ces deux rivières est Vitry; celui de la Marne et de la Seine, Charenton.

Les lignes de communications comprises dans ce bassin sont : les deux routes de Paris à Metz, par Verdun, et de Paris à Strasbourg, par Nanci, qui ont leur point de convergence à Châlons ; et les routes d'Épinal et de Langres à Paris, qui ont leur point de convergence à Saint-Dizier, d'où elles peuvent se rendre directement de là à Paris, soit par Châlons, soit par la nouvelle route de Vitry à Paris, par Lafère-Champenoise.

Les lignes de communications transversales entre ce bassin et celui de l'Aisne sont : la route de Bellevue à Varennes, par Clermont-en-Argonne ; la route de Châlons à Rheims ; la route d'Épernay à Reims ; la route de Château-Thierry à Soissons.

Le bassin particulier de la Seine forme une portion de la circonférence extérieure de son bassin général de Saint-Seine à Langres ; son affluent principal est l'Aube, qu'elle reçoit à Pont-sur-Seine, près Nogent.

Les lignes de communications principales comprises dans ce bassin sont : la route de Paris à Bâle, par Langres ; la route de Paris à Dijon ; le point de convergence de ces deux routes est Troyes, qui en outre a une communication directe sur Nanci, par Joinville et Vaucouleurs.

Les lignes de communications transversales

entre ce bassin et celui de la Marne sont : la route de Langres à Dijon, la route de Chaumont à Châtillon-sur-Seine, la route de Châlons à Troyes, la route d'Epernay à Nogent, par Sézanne.

Le bassin de l'Yonne forme la circonférence extérieure du bassin de la Seine, entre Saint-Seine et Château-Chinon; elle se rencontre avec la Seine à Montereau, à vingt lieues de Paris.

Les lignes de communications de ce bassin sont les routes de Paris à Dijon, par Tonnerre, et de Paris à Châlons, par Auxerre, dont le point de convergence est Joigny.

Les lignes de communications transversales sont : les routes de Château-Chinon à Dijon, par Autun; de Châtillon-sur-Seine à Saulieu; de Châtillon-sur-Seine à Auxerrre, par Tonnerre; de Troyes à Joigny, de Troyes à Sens, et de Nogent à Montereau.

Telle serait l'amplitude du champ d'attaque de Paris si la France était bornée au bassin de la Seine : on voit que ce champ d'attaque, s'étendant depuis la Capelle au nord, à Château-Chinon au sud-est, se diviserait en cinq zones particulières, convergeant toutes vers Paris : le bassin de l'Oise, celui de l'Aisne, celui de la Marne, celui de la Seine et celui de l'Yonne.

Ces zones ont toutes des points de convergence qui sont à la fois des buts objectifs de l'attaque qui converge et de la défense qui diverge; elles ont des lignes de communications longitudinales également favorables aux opérations de l'attaque comme de la défense, et des lignes transversales qui sont dans le même cas.

Il n'existe entre ces zones longitudinales d'autre zone transversale défensive que les Ardennes, masse de forêts praticables sur plusieurs points, mais qui néanmoins peut présenter une assez bonne défense de position entre le bassin de l'Aisne et celui de la Marne.

C'est la seule défense artificielle existante dans tout ce champ d'attaque; quant aux obstacles opposés par les forteresses, il n'en existe qu'un seul, Soissons, et encore n'est-il pas terminé.

Il est évident que dans un système général de défense bien combiné, le centre étant considéré comme le but de l'attaque, et les bassins qui y convergent comme les lignes ou zones d'opérations des armées, les points de convergence de ces zones devraient être regardés comme les points principaux de défense, et par conséquent comme ceux où l'art doit disposer d'avance une résistance; il n'en a point été ainsi : toutes nos places sont disposées en ligne droite sur la frontière septentrionale de l'ouest à l'est, et sur la moitié de la frontière orientale du nord au sud, de sorte que dans tout le triangle existant entre ces deux lignes, et à vingt lieues en arrière, il n'y a rien.

Ce défaut a déjà été signalé par plusieurs auteurs, notamment par Vauban, par d'Arçon, par Carnot, par le général Rogniat, par le colonel Paixhans. La commission de défense établie en 1818, par le maréchal Saint-Cyr, avait éclairé le gouvernement sur quelques parties de cette question; elle avait fait sentir la nécessité de quelques points fortifiés pour couvrir Paris; rien de ce qu'elle avait proposé n'a été fait, et, il faut le dire, 170 millions dépensés pendant seize ans aux fortifications de la France ont été à peu près perdus.

La campagne de 1814 était faite cependant pour avertir du danger et pour faire toucher le vrai point de la question : Napoléon y montra quel était le véritable système de la défense du pays ; il l'établit alors du point de vue défensif, comme en 1815 il montra ce qu'il devait être du point de vue offensif; dans l'un et l'autre cas, il échoua par la trahison, par le défaut de défense de Paris, et par la non-intelligence des sentimens populaires; mais l'exemple n'en reste pas moins, et il faut savoir en profiter.

Dans la campagne de 1814, présageant que l'attaque devait être centrale, et par conséquent convergente sur les rayons, il s'établit sur la circonférence, pour être sur les flancs de l'ennemi, et aller chercher successivement les diverses armées offensives dans toutes les zones de leur champ d'attaque ; c'est ainsi qu'il passa successivement du bassin de l'Yonne dans celui de la Seine, puis dans celui de la Marne, et enfin dans celui de l'Aisne, où il aurait battu l'ennemi comme dans les trois autres, si la trahison n'eût amené sur le terrain un ennemi qu'il croyait bien loin de là (1).

Son opération eût réussi sans doute, s'il y eût eu des points fortifiés sur ces diverses parties de la circonférence, et enfin malgré l'échec

(1) Le maréchal Saint-Cyr, dans ses Mémoires, démontre ainsi l'application de ces principes : « L'invasion de la frontière » d'un grand état est toujours une opération très-hasardeuse ; » elle ne peut être tentée que par une armée fort supérieure » en nombre. Il n'est jamais prudent, pour celle qui se trouve » chargée de la défense, de lui résister de front, dans la crainte » d'être entraînée à recevoir aussitôt une bataille que l'ennemi » a intérêt de lui livrer au début de son invasion, dont une » victoire est en quelque sorte le préliminaire indispensable ; » mais elle peut avec avantage l'attaquer par ses ailes et par » ses derrières, surtout quand on a une frontière aussi res- » pectable que celle de la France. Si nos généraux de cette » époque avaient eu plus d'expérience et des troupes plus » aguerries, ils auraient pu regarder le projet d'invasion en » Champagne comme une de ces bonnes fortunes qui s'offrent » si rarement ; ils se seraient bien gardés de présenter aux en- » nemis des obstacles sur leur front. Selon moi, non-seule- » ment il eût fallu le laisser entrer en Champagne, mais il » aurait été désirable qu'il passât la Marne ; ce n'est qu'après » cette approche qu'il eût fallu diriger autour de lui toutes ses » forces. » (Campagnes de 1792 à 1796.)

qui suivit la prise de Soissons, il eût pu réussir encore si Paris eût été fortifié.

La leçon avait donc pour objet de montrer qu'il fallait fortifier Paris et les points objectifs des grandes zones de la circonférence d'attaque de Paris. Les points principaux qui doivent à la fois protéger les zones d'attaque et les passages d'une zone dans l'autre, sont : sur la circonférence la plus éloignée, Langres, Saint-Dizier et Vouziers, comme points principaux; la Capelle, Marle, Clermont ou Sainte-Menehould, comme points secondaires. Sur la circonférence de seconde ligne, les points principaux sont : Soissons, Châlons et Troyes; les points secondaires sont : Compiègne, Reims, Vitry, Bar et Sens.

Sur la troisième ligne, les points principaux sont : Château-Thierry, Nogent, Montereau et enfin Paris.

C'est ainsi que pourrait être organisé un véritable système défensif de la France, et que l'élément immobile de défense, les obstacles artificiels, étant coordonnés à la fois avec les communications naturelles et les communications artificielles, en vue du point objectif de l'attaque, il serait possible de combiner rationnellement les opérations de l'élément mobile de défense, l'armée.

Mais le terrain militaire de la France ne se borne pas seulement au bassin de la Seine; continuons-en donc la reconnaissance.

La frontière septentrionale appartient au bassin de l'Océan du nord; elle se compose des bassins particuliers de l'Escaut, de la Meuse, de la Moselle et du Rhin; ces bassins forment autant d'ouvertures au territoire de la frontière, et dont la plupart, par leur direction longitudinale, continuent en sens contraire les bassins longitudinaux qui convergent sur Paris. Cependant, le bassin longitudinal de l'Escaut est séparé de la Seine par un bassin transversal, celui de la Somme, qui comprend tout le département de ce nom.

La Somme forme donc une sorte de ligne de défense entre Paris et la frontière du nord-ouest; les points les plus importans de cette ligne sont: Saint-Quentin, Péronne, Amiens et Abbeville; ces points, qui ont jadis joué un grand rôle dans la défense de la France, n'en ont plus eu qu'un secondaire depuis la conquête de l'Artois et de la Flandre.

Le bassin général de l'Escaut ouvre toute la frontière du nord, par son bassin propre, ceux de la Scarpe et de la Lys; ces bassins, qui sont aussi des lignes longitudinales tombant sur le bassin de la Somme, sont occupés par les places du nord qui forment trois lignes de défense assez fortement maillées pour lui avoir mérité le nom de frontière de fer.

Tout cet espace n'a pas besoin d'un examen critique, il est à regretter seulement qu'un ensemble de défense aussi imposant soit devenu presque secondaire par sa position excentrique, dans la défense générale du pays.

La frontière est coupée dans son milieu par le bassin de la Meuse, dont une portion est longitudinale et l'autre transversale, relativement au champ d'attaque que nous avons décrit.

Le principal affluent de la Meuse, la Sambre, forme, de Fémy à Namur, une ligne longitudinale qui continue le bassin de l'Oise, et qui se joint à ce bassin par les points de Fémy, Nouvion, la Capelle, Hirson et le pays de Chimay. Les communications longitudinales qui, du bassin de la Sambre, donnent entrée dans le bassin de l'Oise, sont : la route de Valenciennes à Guise par Landrecies et Fémy ; la route de Mons à Paris par Laon, dans la partie comprise entre les deux bassins ci-dessus, et celle de Maubeuge à Vervins par Avesnes et la Capelle, avec embranchement de ce dernier point sur Guise.

Une portion de ce bassin, le cours de la Sambre même, est couvert par les places de Maubeuge, Avesnes et Landrecies, mais toute la portion qui est entre la Meuse et la Sambre est complétement ouverte, ainsi que la portion correspondante du bassin de l'Oise, l'ennemi ayant retenu en 1814 les places de Philippeville, Marienbourg et Beaumont, et s'étant donné depuis en 1815, par l'échancrure du pays de Chimay, une entrée directe dans le bassin de l'Oise, qui offre, comme nous l'avons vu, deux grandes lignes de communica tions sur Paris, l'une par Laon, l'autre par Noyon et Compiègne.

Le bassin particulier de la Meuse forme une zone transversale qui longe la circonférence extrême du bassin de la Seine depuis Langres jusqu'à Mézières.

Cette zone transversale offre donc une excellente ligne de défense naturelle relativement aux zones longitudinales qui convergent vers Paris. Les points principaux par lesquels cette zone communique dans les zones correspondantes sont : 1° Mézières, point convergent de deux communications, l'une transversale du bassin de la Meuse dans celui de l'Oise, par Rocroy et Hirson, l'autre longitudinale allant de Mézières à Paris, en passant à Réthel dans le bassin de l'Aisne ;

2° Sedan, d'où l'on communique dans le bassin de l'Aisne par la route de Chêne-le-Populeux à Vouziers, à travers les Ardennes ;

3° Stenay, d'où l'on communique également à Vouziers ;

4° Verdun, point de convergence des routes de Metz et de Longwy à Paris, et d'où l'on communique dans les bassins de l'Aisne et de la Marne par deux routes sur Vouziers et sur Châlons.

Tous ces points sont fortifiés et d'une assez bonne défense.

Les autres, Commercy, Void, Vaucouleurs et Neufchâteau, par lesquels passent les communications de Metz, de Nanci, d'Epinal à Paris, et qui conduisent du bassin de la Meuse dans celui de l'Ornain et de la Marne, ne sont point gardés.

La Meuse, par sa position relativement à la défense de Paris, mérite une mention particulière. Cette ligne de défense, qui s'étend depuis Langres jusqu'à Maëstricht, semble établie exprès pour unir la défense du nord et de l'est de Paris.

Le rôle qu'elle est appelée à jouer dans cette défense est de nature à être modifié considérablement par l'existence que prendra le nouveau royaume de Belgique ; si en effet ce pays reste neutre, la défense de Paris se trouvant transportée entre les points de Mézières et de

Langres, le champ d'attaque est de beaucoup circonscrit, et la défense acquiert de grands avantages; dans ce cas, les points que nous avons signalés prennent une grande importance, car non-seulement ils donnent un front d'opérations défensives, mais ils fournissent les moyens d'opérer sur les flancs de l'ennemi, s'il prend pour ligne d'opérations une des zones longitudinales formées par les bassins de la Sarre et de la Marne.

Mais si les Belges sont nos alliés, la Meuse acquiert une bien autre importance; en effet, son cours nous permet de prendre à revers tout le pays entre Meuse et Moselle, et par conséquent de manœuvrer sur son flanc, et d'opérer des retours offensifs si importans à la guerre. Ces points principaux sont : sur notre territoire, Givet et Charlemont; sur le territoire belge, Dinant, Namur, Huy et Liége. Mais, dans le traité du 15 novembre, qui paraît être la base des négociations avec la Hollande, le point de Maëstricht a été abandonné, et cela est d'autant plus fâcheux que non-seulement ce point perd toute la défensive de la Meuse de notre côté, mais qu'en outre il nous prive de l'offensive qu'elle nous donnait.

Il est mille fois à regretter que les hommes qui ont fabriqué le traité du 15 novembre n'aient pas connu le mémoire remarquable que M. de Grimoard a présenté au conseil du roi, en 1785, et où la question de l'importance de Maëstricht est traitée de main de maître.

Je ne ferai qu'en répéter les termes.

Le souverain qui occupe le territoire entre Meuse et Rhin a toutes facilités pour porter la guerre en Belgique, s'il possède Maëstricht, ce qu'il ne pourrait faire avec Vanloo et Ruremonde seulement, qui ne peuvent être considérés comme des places de guerre; d'ailleurs Maëstricht est le point aboutissant de la grande communication des états outre-Rhin par Cologne et Bonn, et coupe par conséquent toutes les communications entre la Meuse et le Rhin de ce côté.

Le souverain de ce pays serait donc obligé,

pour entrer dans les Pays-Bas, de bloquer ou d'assiéger d'abord Maëstricht, car la prise même de Namur et de Liége ne l'en dispenserait pas.

Il est donc prouvé que l'occupation de Maëstricht donnera ou ôtera les moyens de porter la guerre dans la Belgique.

Mais il est de même à présumer que l'armée qui occuperait le pays entre Meuse et Rhin pourrait difficilement se maintenir devant une armée maîtresse des deux rives de la Meuse par Maëstricht. Il faudrait donc qu'elle se rejetât sur la Moselle, ce qui donne les moyens de la combattre entre nos places, et de la prendre à revers et sur les flancs, en arrivant à Coblentz avant elle, si elle est forcée à la retraite.

Il résulte de là que la meilleure ligne de défense de la France, c'est la Meuse ; que sans Maëstricht l'ennemi n'a point de communication assurée avec le pays, entre Meuse et Rhin; qu'au contraire s'il est en possession de Mëestricht, il devient le maître du cours de la Meuse, et peut, non-seulement transporter la guerre dans les Pays-Bas, mais pénétrer en France.

Il ajoutait : enfin si Maëstricht appartenait à un prince ennemi, il faudrait employer 200 millions à boucher la trouée de Maubeuge à Charlemont et de Givet à Thionville, indépendamment des places de Philippeville et Marienbourg.

Ces considérations sont bien plus fortes encore aujourd'hui que nous ne possédons plus les places ci-dessus, et qu'il ne s'agit plus d'un seul ennemi pour la France, mais de l'Europe tout entière, arrivant sur elle de tous les points l'Allemagne : la possession de Maëstricht empêche en outre la réunion d'une armée hollandaise et d'une armée prussienne ; tandis qu'avec cette place, les Pays-Bas seraient envahis, et nous serions privés de notre seul allié et de notre meilleure ligne de défense. Ajoutons que Maëstricht, en transportant la défense sur la Basse-Meuse, neutralise les trouées d'entre Sambre et Meuse et d'entre Meuse et Moselle, et permet de porter offensivement la guerre sur le Bas-Rhin, entre Cologne et Wesel, en neutralisant ainsi les deux places qui en assurent la défense, Mayence et Ehrenbreistein.

On a abandonné Maëstricht pour la vaine gloire de prendre Anvers, qui ne servait à rien à la France, et avec le risque de compromettre l'alliance avec l'Angleterre, et la paix avec le reste de l'Europe !

En vérité, on ne sait si, en présence d'une pareille ignorance, on n'aimerait pas mieux trouver les gens criminels.

Nous en avons assez dit pour faire ressortir l'importance de cette grande zone transversale, le bassin de la Meuse, qui donne le moyen, sinon d'arrêter, au moins d'inquiéter l'ennemi avant qu'il n'ait pénétré dans les zones longitudinales qui convergent sur Paris ; cette défense naturelle est corroborée par la défense artificielle, formée par le massif des Ardennes qui sépare le Bas-Rhin de la Meuse de celui de l'Aisne, et qui, malgré sa pénétrabilité, ne laisse pas de présenter des défilés importans, qui ont déjà joué un grand rôle dans la campagne de 1792.

Le bassin de la Moselle coupe la frontière entre la Meuse et le Rhin, dont il sépare les bassins.

Les bassins de la Marne, de la Meuse et de la Moselle sont séparés par des espaces très-étroits, surtout entre Stainville et Toul. Les principales communications qui traversent ces bassins sont : la route de Châlons à Metz, par Verdun ; la route de Ligny à Pont-à-Mousson, par Commercy ; la route de Bar-le-Duc à Nanci, par Ligny et Toul ; la route de Troyes à Nanci, par Joinville et Vaucouleurs, et la communication longitudinale à la Meuse et transversale à la Moselle, de Langres à Nanci ; enfin la communication de Bar-le-Duc à Épinal par Neufchâteau.

Le bassin de la Moselle a en outre plusieurs communications longitudinales, telle que celle qui longe la rivière dans tout son cours d'Épinal à Metz et de là à Luxembourg, et celles qui conduisent de Metz à Sarrelouis, de Nanci et Metz à Sarguemines, et qui sont transversales à un des affluens de la Moselle, la Sarre. Cet échiquier est un des plus coupés de la

France; mais il est défendu par les importantes places de Metz et de Thionville, dont la puissance défensive serait bien plus grande, si elle n'était en partie neutralisée par Luxembourg, qui donne à l'ennemi les moyens d'observer ces places, et lui permet de se porter directement sur Châlons, en passant du bassin de la Meuse dans celui de l'Aisne.

Ainsi le bassin de la Moselle, par sa position longitudinale, relativement à la frontière, et transversale relativement au bassin de la Seine, est à la fois un élément du système défensif et du système offensif.

Mais la défense du bassin de la Moselle se lie essentiellement à la ligne des Vosges qui le sépare du bassin du Rhin, et joue dans la défense générale de l'est le double rôle de protéger en avant la ligne de la Moselle, et en arrière la ligne du Rhin.

La chaîne des Vosges présente l'aspect d'un massif isolé, s'étendant, du sud au nord, sur une longueur d'environ quatre-vingts lieues et une largeur moyenne de près de dix.

De l'extrémité septentrionale, le mont Terrible, à l'extrémité méridionale, le ballon d'Alsace, la chaîne présente un plateau longitudinal de peu de largeur, qui partage les deux versans orientaux et occidentaux.

Le versant oriental est sillonné de vallées transversales, qui le coupent presque à angles droits; elles sont étroites et terminées par des escarpemens assez prononcés qui servent d'écoulement à toutes les eaux qui se rendent directement au Rhin, au-dessous de Strasbourg, et plus haut, dans son affluent longitudinal, l'Ill.

Le Rhin est parallèle au plateau longitudinal et n'en est séparé que par une zone d'environ douze lieues de large. Le versant occidental est coupé par des vallées peu allongées, et d'une direction moins uniforme : au-delà des frontières, la Nahe reçoit les eaux de ce versant, en deçà il les distribue dans la Moselle directement, et par ses affluens de droite, la Sarre et la Meurthe.

Le ballon d'Alsace, extrémité méridionale de la chaîne, est le nœud duquel partent les divers contreforts qui réunissent le système particulier de la chaîne des Vosges au système général des montagnes de la France et de la Suisse.

L'un de ces contreforts s'en détache à l'ouest, court, en formant un angle droit avec le plateau longitudinal de la chaîne, depuis le ballon jusqu'à un nœud qui existe vers Ligniville; entre ces deux points ce contrefort sert de partage aux bassins de la Moselle au nord, et de la Saône au sud. A Ligniville il se bifurque et projette un contrefort au nord qui sépare le bassin de la Moselle de celui de la Meuse, et un autre au sud qui sépare celui de la Saône de celui de la Marne, et qui se joint vers Langres au nœud d'où partent les divers contreforts qui séparent les bassins généraux de la Seine, du Rhône et de la Loire, et rattachent ainsi la chaîne des Vosges à celles des Pyrénées.

Un autre contrefort, qui conserve à peu près la direction nord-sud de la chaîne, descend vers Montbéliard, et sépare le bassin de l'Oignon, affluent de la Saône, de la Savoureuse, affluent du Doubs. Un troisième contrefort, partant également du ballon d'Alsace, court vers le sud-est, et sépare d'abord le bassin du Doubs de celui de l'Ill, affluent du Rhin, puis courant, au sud, le long du Doubs, va se rejoindre à la chaîne du Jura, et réunit ainsi la chaîne des Vosges à celle des Alpes.

On voit que, du ballon d'Alsace, la chaîne des Vosges s'épanche vers l'est et l'ouest, de manière à former un plan incliné très-allongé, qui descend vers le Doubs, la Saône et la Marne, et qui forme une ligne de partage entre les cours d'eau qui se dirigent au nord, et font partie du bassin général de l'Océan, et ceux qui se rendent au sud dans le bassin de la Méditerranée.

C'est cette ligne de partage qui réunit la défense du sud-est à celle du nord-est, et qui détermine une zone d'opérations de premier ordre entre la France et l'Allemagne.

Au nord-est la chaîne des Vosges présente un système de défense qui peut être envisagé sous trois points de vue:

1° Comme ligne de défense couvrant les opérations défensives dont le bassin de la Moselle est le théâtre;

2° Comme ligne de défense en arrière de celle du Rhin ;

3° Comme champ d'opération d'une armée opérant isolément sur les deux versans et dans la zone même formée par le massif de la chaîne.

Les deux premiers points de vue ne peuvent être séparés, car l'on ne peut les regarder que comme deux époques d'une même défense.

En effet, on peut considérer les Vosges comme un grand retranchement couvrant l'est de la France, dont les demi-bastions extrêmes sont Belfort et Bitche, Strasbourg la demi-lune, et le Rhin le fossé.

Si la France était maîtresse du cours du Rhin, ce retranchement, appuyé par la gauche à Mayence, serait d'une défense telle qu'on pourrait, en le fortifiant dans toutes ses parties, le regarder comme le boulevard de la France.

Mais il n'est pas ainsi dans l'état de choses existant :

1° Il est tourné, par sa gauche, par la trouée d'entre Meuse et Moselle, et par la Sarre, dont tous les points importans, Sarrelouis, Sarrebruck, etc., sont dans la possession de l'ennemi depuis 1815;

2° Il est ouvert, au nord, par la possession de Landau, qui permet de le traverser sur les points les plus vulnérables;

3° Il est facile à tourner vers sa gauche par la trouée entre Belfort et Montbéliard.

Le Rhin n'est pas une défense plus certaine, car les points de son cours qui correspondent aux ouvertures du massif sont aussi les plus vulnérables. Ainsi Landau et le pays cédé à la Bavière sont comme une tête de pont également favorable au passage du Rhin et au débouché des Vosges.

Au sud, Bâle est une autre tête de pont qui donne accès dans ce passage ou trouée entre Giromagny et Montbéliard, trouée élargie par la destruction d'Huningue et la cession de Porentruy. Ainsi donc, en supposant que l'ennemi respectât le quadrilatère formé par le Rhin, les Vosges, la Lauter et l'Ill, rien ne lui serait plus facile que de tourner ce retranchement par sa droite et sa gauche, en convergeant sur le bassin de la Marne ou de l'Aisne.

Les principales communications transversales du massif, qui conduisent du bassin du Rhin à celui de la Moselle, sont : au nord, les routes de Haguenau et de Nembourg à Sarguemines, par Bitche et Niderbroun ; Bitche est l'obstacle artificiel opposé à ce passage.

Au centre, la route de Strasbourg à Metz par Saverne, que Phalsbourg protége en arrière des Vosges. Cette petite place est très-importante, tant par sa position, qui domine le terrain environnant comme un glacis naturel, que par ses relations avec les diverses vallées des Vosges.

Au centre encore, les routes de Schelestadt à Lunéville, par Saint-Dié et Sainte-Marie-aux-Mines ; ces routes ne sont couvertes par aucun obstacle artificiel.

Au sud, la route de Mulhouse à Remiremont et la grande communication de Bâle à Paris par Belfort, couverte en partie par cette importante place.

Le Rhin, au-delà de cette barrière naturelle, est couvert par les fortifications imposantes de Strasbourg, appuyées par les places de Brisak et Schelestadt, dans la vallée du Rhin, de Bitche et Phalsbourg en arrière, et les postes de la Petite-Pierre, Lichtenberg, etc.

On voit par là que si les Vosges ne peuvent être considérées comme une barrière infranchissable, susceptible de couvrir les lignes de défense de la Moselle et de la Meuse, et d'empêcher le passage du Rhin, ces montagnes peuvent au moins être envisagées sous le troisième point de vue d'une défense isolée.

Cette défense peut se composer : des opérations d'une armée agissant dans le bassin du Rhin, pour couvrir l'Alsace, et des opérations dont le massif des Vosges peut être le théâtre. Soit que cette espèce d'opérations s'exécute par un corps isolé, ayant son centre d'action dans une vallée des Vosges, soit qu'elle ait lieu par une insurrection vosgienne opérant sur son propre terrain, elle peut avoir d'immenses résultats, tant pour se lier à la défense du Rhin, que pour prendre des retours offensifs sur les opérations de l'ennemi dans le bassin de la Moselle et de la Nahe au nord, et du Doubs et de l'Isère au sud, de manière à étendre ainsi une défense nationale depuis Grenoble jusqu'à Bitche, et à menacer l'ennemi jusqu'à Mayence. Les souvenirs de 1815 sont là pour en donner un exemple. Il serait vivement à désirer que cette défensive fût protégée par quelques postes construits aux points dont l'emplacement serait le plus favorable pour ce résultat.

La Lorraine et l'Alsace sont des terrains tout militaires où l'esprit de patriotisme et la nature du sol semblent offrir les chances les plus certaines d'établir une Vendée nationale; c'est dans de pareils pays qu'il est important de créer d'avance des ressources que le courage des habitans centuple au moment du danger.

La perte d'Huningue a considérablement compromis le champ d'opération que la trouée du coude du Rhin offre à l'invasion; en effet, malgré le développement donné à Belfort pour boucher cette trouée, il ne peut empêcher qu'une armée qui débouche de Bâle en France, ne puisse menacer à la fois l'Alsace et la Franche-Comté; ce point n'était pas seulement important par sa résistance, mais par la surveillance qu'il exerçait sur cet endroit vulnérable de nos frontières; et c'est d'après ce qui s'est passé relativement à ce point, qu'il est facile de voir l'acharnement de nos *fidèles alliés*, en 1815, à prendre des mesures de précaution contre nous. On ne s'est pas contenté d'exiger qu'Huningue fût rasé, on nous a encore enlevé le petit pays de Porentruy, traversé par une route qui va de Bâle à Clerval et de là à Vesoul, et qui permet de passer entre Belfort et Besançon, pour menacer également Dijon et Langres; de plus, Neufchâtel étant au roi de Prusse, donne un lieu de rassemblement sur cette partie de nos frontières.

C'est ainsi que par la cession de la Savoie au roi de Piémont, possesseur en outre de la route du Simplon, l'ennemi est maître en tout temps d'entrer sur notre territoire de Genève à Chambéry, de manière à ce que les troupes venues de Bâle et celles venues de Genève puissent se donner rendez-vous entre Dijon et Langres.

Mais, en outre, l'Autriche, qui, par la principauté de Valduz, arrive jusque sur les bords du lac de Constance, a fait élever la forteresse de Brégentz, pour surveiller la Suisse, et pouvoir fondre à la fois dans la vallée du Rhin et dans celle du Danube, et dans les Grisons par la route de Coire, qu'elle a fait construire nouvellement; elle joint à cette double faculté celle d'arriver également du même point dans la vallée du Pô.

L'Autriche a dû comprendre, en effet, quelle était l'importance de la Suisse dans toute action militaire dont l'Europe centrale peut être le théâtre : les campagnes de 1798, 1800, 1806 et 1814 avaient dû l'en avertir (1).

(1) La Suisse est par ses montagnes une vaste forteresse entre l'Italie et l'Allemagne. L'armée française en l'occupant se trouve en état de déjouer toutes les opérations offensives en Allemagne et en Italie, car, pouvant marcher par sa droite et sa gauche, elle est sur les deux flancs de l'ennemi. (*Défense des États par le général Allix, journal des sciences militaires.*)

L'occupation de la Suisse en l'an 7 sauva la France. (*Souvenirs militaires*, etc.)

On peut voir en outre l'importance des points d'Huningue et de Bregens dans les mémoires de Grimoard et du baron de Hogger insérés dans les mémoires sur les guerres de la révolution rédigés par Servan; nous en avons également extrait le Mémoire sur Maëstricht.

La Suisse, en effet, est une citadelle au milieu de l'Europe, qui, formant pour ainsi dire le nœud de tous les fleuves qui l'arrosent, permet à celui qui l'occupe de se porter à sa volonté dans le bassin de ses fleuves, et, par conséquent, de lancer ses colonnes dans toutes les directions où le porte son intention de conquête. A cette disposition offensive au *summum*, la Suisse, par la disposition de ses lacs, de ses montagnes et de ses cours d'eau, joint l'avantage du plus admirable dispositif de défense naturelle qui existe.

Le point d'Huningue était donc, outre les propriétés défensives que nous lui avons reconnues, une position offensive de premier ordre, puisqu'elle donne les moyens de menacer à la fois les vallées du Rhin et du Danube, et, par conséquent, de prévenir l'ennemi au milieu même de ses préparatifs de rassemblement. Béfort, dont les travaux sont certainement très-importans, ne peut donc remplacer Huningue relativement à l'importance militaire du pays : relativement à l'honneur national, rien ne peut le remplacer.

Nous terminerons là ce que nous avions à

à dire de la défense du nord et de l'est de la France; il serait facile de faire voir que l'invasion qui se ferait sur la partie de la frontière orientale qui longe la Suisse et le Piémont, après avoir eu pour but Lyon et le bassin du Rhône, se dirigerait, soit par le bassin de la Saône, soit par celui de la Loire, sur les points extrêmes du bassin de la Seine, pour se réunir aux autres armées manœuvrant dans ce champ d'opérations pour converger vers Paris.

Mais il reste quelque chose à dire sur l'ouest.

Les événemens de 1793, 1815 et 1830 ont prouvé qu'il existait dans la nation un parti qui, par sa position même, est anti-national; en effet, ce parti se composant de toute la portion aristocratique française, qui ne reconnaît l'existence du peuple que comme instrument de ses jouissances, est nécessairement hostile à toutes les sympathies populaires, aux volontés nationales manifestées par les révolutions; et nécessairement aussi toutes ses sympathies sont pour l'aristocratie étrangère, en vertu de cette loi immuable de l'égoïsme humain : union des intérêts communs, dans un but commun.

Nous n'attaquerons point les intentions de ce parti; c'est lui qui a proclamé que l'émigration, en combattant la volonté nationale, Louis XVI en la trompant, ont usé du droit de légitime défense; c'est lui qui, par l'organe d'un de ses plus sages et prévoyans adeptes (1), déclarait naguère qu'il n'y avait pas de Vendée possible sans la guerre étrangère, et qu'il fallait attendre. Ce parti a aussi une France à lui, qui a son centre, sa capitale, la Vendée, et qui se lie avec une seconde Vendée, la Bretagne; quelques changemens qui se soient opérés dans l'esprit de ces contrées, il faut bien que la France s'attende à y voir naître une diversion lorsqu'elle aura affaire à un ennemi quelconque en Europe.

En effet, le clergé qui a abandonné complétement l'esprit chrétien, amour et dévouement pour le peuple, et qui n'a plus de sympathie que pour les riches et les puissans,

(1) Lettre d'un habitant de la Vendée à la duchesse de Berry, en 1832.

entretient dans ces contrées un esprit de dévouement à l'aristocratie, qui y passe pour de la religion ; et lorsque la nation aura besoin du dévouement de tous, le riche aimera mieux consacrer son or, le pauvre son bras, à combattre sur son sol pour ses faux dieux, que de se dévouer pour la cause nationale.

Il y aura donc toujours à la circonférence sud-ouest du bassin de la Seine une insurrection anti-nationale se liant à l'invasion étrangère qui aura lieu à la circonférence nord-est de ce même bassin.

L'insurrection ayant lieu dans le bassin de la Loire, sur les deux rives de ce fleuve, la tendance de son action militaire sera toujours la réunion des deux insurrections pour marcher sur Paris au nord, ou se lier à l'invasion de l'est. Or, la Loire, par sa disposition topographique, formant, depuis le confluent de l'Allier jusqu'à celui de la Vienne, un vaste segment de cercle dont la corde réunit Tours à Nevers, et dont le sommet est Orléans, le but des opérations des insurrections réunies sera nécessairement la prise de Tours, soit pour glisser le long de la Loire, jusqu'à Orléans, soit pour se prolonger vers Nevers; selon que l'invasion septentrionale se sera plus rapprochée de Paris, ou que l'invasion orientale aura dépassé Lyon, et se sera transportée dans les bassins de la Loire et de la Seine.

Tours, en effet, assis sur les deux rives de la Loire, à la base même du triangle inscrit dans le segment de cercle formé par cette rivière, prend à revers toutes les lignes d'opérations de l'insurrection sur Paris, soit par la route du Mans, soit par la route de Laval : Tours s'oppose également aux opérations méridionales de l'insurrection sur Poitiers et autres points.

Nous ne pousserons pas plus loin ces considérations qu'il était nécessaire d'indiquer pour compléter la reconnaissance générale de la France ; on a jusqu'ici négligé, ou complétement oublié ce point de vue important de l'action militaire à laquelle notre pays peut être soumis, mais la leçon du passé est la loi de l'avenir, et aujourd'hui il serait impardonnable de perdre de vue cette importante considération de prévoyance défensive.

Nous nous hâtons de conclure : Paris, considéré comme but de l'invasion ennemie, doit être aussi envisagé comme but de la défense nationale ; placé, pour ainsi dire, au sommet de l'immense éventail formé par le bassin de la Seine, c'est vers Paris que convergent tous les rayons de cet éventail formés par les affluens du fleuve, et ces rayons sont les zones d'opérations de l'invasion, qui toutes ont pour but ce point central.

Chaque zone d'opération offensive sur Paris a pour base les points de la frontière qui se rapprochent le plus des points extrêmes du bassin qui est le champ de son action, et les armées qui opèrent dans ces zones, prennent en avançant de nouvelles bases d'opérations à mesure qu'elles ont atteint les points stratégiques qui, par des communications transversales d'un bassin dans un autre, permettent la réunion des diverses armées convergentes ; mais ces zones longitudinales n'ayant pas toutes leurs points extrêmes sur les frontières, sont ou continuées par des zones longitudinales, formées de bassins en sens contraire qui ouvrent les frontières, ou bordées de zones transversales, formées par les bassins dont la direction fait angle avec le bassin général de la Seine, et qui longent la frontière.

Les opérations offensives de l'ennemi auront donc pour but, soit de posséder les zones longitudinales qui sont sur la frontière, et qui se continuent surnotre territoire, soit de couper de front les zones transversales, ou de les tourner par leurs extrémités, afin d'entrer dans les zones longitudinales qu'elles couvrent, pour opérer, ainsi que nous venons de l'exposer.

Le but de la défense, considéré du point de vue central, comme nous venons de le considérer du point de vue circonférentiel, doit donc être : 1° de couvrir le point objectif de l'attaque ; 2° de manœuvrer dans les zones d'opérations de chaque armée convergente, afin de les prévenir sur les points où elles doivent se réunir; 3° enfin, d'éloigner le plus possible les armées ennemies du champ d'opérations convergentes vers Paris, en profitant de la défense naturelle offerte par les zones transversales qui couvrent les zones longitudinales qui y conduisent.

Nous ne croyons pas nécessaire d'entrer dans des considérations plus étendues; il nous semble que nous avons droit de conclure, quant à l'élément immobile de défense :

1° Qu'il est indispensable de fortifier Paris;

2° Que le système des places fortes doit bien plutôt être circonférentiel, relativement à Paris, que tel qu'il est, longitudinal à la frontière ;

3° Enfin, qu'il est indispensable d'établir une défense de la Loire, relative à l'invasion de l'est, et à la diversion de l'ouest.

CHAPITRE VI.

EXAMEN DES DIVERS SYSTÈMES DE DÉFENSE DE PARIS.

Il est indispensable, pour apprécier la valeur des divers systèmes de défense dont Paris a été l'objet, de connaître ceux qui lui ont été appliqués dans le passé.

Le système de défense de Paris a toujours été soumis à deux conditions : son existence comme ville, et ses rapports avec l'existence sociale de la nation. Cette double question est une des plus intéressantes de notre histoire nationale ; ce n'est point ici l'occasion de la traiter en détail ; nous ne pouvons donc présenter que des généralités, qui pourront paraître singulières, mais qui sont exactement la reproduction des faits.

Toutes les villes de France ont dû leur existence, soit à la continuation d'une cité romaine, soit à un établissement religieux ou militaire, quelques-unes à la combinaison de deux de ces élémens entre eux ou des trois ensemble.

Ces trois existences, soit séparées, soit juxtaposées sur le même terrain, se sont fondues dans une existence nouvelle, qui a été produite par la révolution des communes, suivie d'un troisième phénomène social, la fusion des communes dans l'état.

Toutes les villes de France ont passé par ces trois états phénoménaux ; Paris seul, tout en ressentant l'influence, a présenté dans son existence un caractère différent. La situation topographique de Paris, combinée plus tard avec ses rapports avec l'état, donne la raison de cette différence.

Nous avons décrit la situation de Paris, au centre du bassin d'un grand fleuve, c'est-à-dire au point convergent de tous les affluens de ce fleuve, d'où son cours se dirige presque isolé jusqu'à la mer.

Dans un temps où les rivières étaient presque les seules voies de communication (les voies romaines surtout en Gaule n'était que des communications militaires), le rendez-vous de toutes les voies navigables d'un bassin aussi étendu que celui de la Seine, devait être d'une grande importance; aussi voyons-nous que, du temps de Tibère, les navigateurs de Paris, *nautæ parisienses*, étaient une corporation considérable; c'est ce que prouve une inscription trouvée sous Notre-Dame.

Ces navigateurs étaient déjà une association marchande qui existait sur toutes les rivières; il y avait les *nautæ Rhodani*, *nautæ Ligeris*, etc. Paris était donc un point de navigation important, puisqu'il donnait son nom à l'association des nautes de la Seine.

Lorsque les Francs descendirent du bassin de la Somme dans celui de l'Aisne, ils se dirigèrent sur Paris, et Childebert le prit en 476; cette ville consistait alors dans l'île de la Cité; c'était la Lutèce des Parisiens dont parle Boëtius.

Lorsque Clovis étendit ses conquêtes jusqu'à la Loire, Paris était au centre de son royaume, il en était la ville la plus importante, puisque ce royaume ne comprenait guère que le bassin de la Seine; il en fit sa capitale.

L'extension des conquêtes des Francs et leurs divisions entre les fils des rois changèrent nécessairement ce point de vue, et amenèrent des choix différens de capitales.

Cependant Paris fut toujours la capitale d'un des royaumes qui formaient le domaine des rois de race franque.

Pendant la première race, Paris s'agrandit par les établissemens ecclésiastiques; et la cité renfermée dans ses îles fut encadrée par quatre bourgs formés autour des quatre abbayes de Sainte-Geneviève au midi, Saint-Germain-des-Prés au couchant, Saint-Germain-l'Auxerrois au nord et Saint-Laurent à l'orient.

L'enceinte de Paris se bornait encore à l'île

de la Cité; ce fut en cet état que la trouva la seconde race; c'est alors que la situation nautique de Paris reprit une grande influence.

Les Normands, dont toutes les expéditions se faisaient sur des barques susceptibles de remonter les rivières les moins profondes, après avoir exploité le bassin de la Somme, entrèrent dans le bassin de la Seine, et dès lors Paris qui le fermait à leurs incursions devint le but de tous leurs efforts; par la même raison, Paris puisa dans sa situation des moyens de résistance à l'attaque que lui valait cette situation.

Tout le commerce de Paris se faisant alors par eau, le commerce s'appela dès lors la marchandise de l'eau; et ceux qui la distribuaient se confondirent avec ceux qui l'apportaient et formèrent une association qu'on appela *hansa*, d'un mot d'origine celtique qui signifie encore en Allemagne association. Cette association avait naturellement des relations avec tous les points de production du commerce de Paris, c'est-à-dire avec tout le bassin de la Seine : de là naquit un lien entre la ville de Paris et celles de ce bassin.

Lorsque les Normands vinrent pour la première fois à Paris, en 845, Charles-le-Chauve ne sut s'en délivrer qu'avec de l'argent; mais les Parisiens, en 861, prirent leurs précautions : leur évêque Ingelvin, et un abbé de Saint-Germain-des-Prés, Gozlin, entreprirent de fortifier Paris; les citoyens donnèrent leur argent et leurs bras, les villes voisines, intéressées à cette défense, donnèrent des hommes; l'élément militaire fournit un chef vigoureux, Eudes comte de Paris, fils de Robert duc et marquis de France; et lorsque les Normands revinrent, en 885, avec 40,000 hommes montés sur 700 barques, ils trouvèrent une résistance organisée; l'île était fortifiée, et les deux ponts (le Pont-au-Change et le Petit-Pont) étaient défendus par deux tours. Paris soutint quatre siéges jusqu'en 887. En reconnaissance de sa vigueur, Eudes fut nommé successeur de l'imbécile Charles, par les Parisiens, et avec leur aide battit les Normands à Monfaucon.

Mais l'invasion des Normands finit par leur assimilation au sol et à la religion des Français.

Le comte de Paris devenu roi de France, Hugues Capet, s'occupa de sa ville; il en rebâtit l'enceinte, ce fut la seconde; elle formait au midi un demi-cercle du Pont-au-Change à Saint-Gervais, et comprenait Saint-Merry, Saint-Jacques-la-Boucherie, Saint-Jean-en-Grève, et une partie de Saint-Germain-l'Auxerrois. Au midi elle comprenait un faubourg jusqu'à Saint-Benoît, et laissait en dehors les vieux bourgs de Sainte-Geneviève et de Saint-Germain-des-Prés, et les bourgs nouveaux de Saint-Victor et de Saint-Marcel.

C'est sous la troisième race que toutes les villes de France obtinrent des chartes de commune; Paris seul n'en eut pas, parce que sa commune était reconnue de fait. Louis-le-Gros la reconnaît existante en 1120, et Louis-le-Jeune, en 1170, reconnaît les *coutumes* existant du temps de son père, et qui sont telles, dit la charte, de toute antiquité; *tales sunt ab antiquo consuetudines eorum...* C'est sous le titre de *mercatores aquæ parisiensis* qu'il leur reconnaît ces droits ; ainsi l'on voit que la hanse ou association du commerce de Paris avait dès lors une existence positive. Philippe-Auguste, par plusieurs chartes, reconnaît la hanse, et exige que tout marchand forain soit associé à un marchand hansé ; cette association établit une relation civile entre les marchands de Paris et ceux du bassin de la Seine ; les premiers forment la hanse de Paris, les seconds la société française : chacune à ses droits, ceux de la hanse de Paris s'étendent jusqu'à Villeneuve, ceux de la compagnie française jusqu'en Bourgogne et plus ; la hanse n'est pas seulement une association de commerce, c'est une garde de sûreté, ainsi que le dit sa charte : *ladite ville et les manans habitans en icelle se garderont et maintiendront en bonne paix et sûreté*. C'est de là que viennent les armes de la ville de Paris, qui consistent en un vaisseau ; on le voit sur un sceau trouvé dans Notre-Dame, et qui remonte à saint Louis. Philippe-Auguste, en 1190, ordonna par une charte aux citoyens de Paris d'enfermer leur ville d'un bon mur garni de tours et de portes. Ces murs avaient huit pieds d'épaisseur, ils étaient crénelés, et appuyés par cinq cents tours ; on y comptait vingt-quatre portes; ils commençaient au fossé du vieux Louvre, arrivaient à la rue Saint-Honoré, entre les rues du Louvre et du Coq et la maison de l'Oratoire, puis s'étendaient entre les rues d'Orléans et de Grenelle, et la rue Coquillière, de là jusqu'à la rue Montmartre, entre les rues du Jour et Jean-Jacques Rousseau, puis régnaient le long des rues Mauconseil, aux Ours, Grenier Saint-Lazare, Michel-le-Comte, Geoffroy - l'Angevin ; traversaient les Blanc-Manteaux et l'hôpital Saint-Anastase, et, se dirigeant vers l'Ave-Maria, allaient se terminer à la rivière vers le pont Marie.

Au midi les murs commençaient à la Tournelle, et, laissant en dehors l'abbaye de Sainte-Geneviève et de Saint-Victor, venaient se terminer au collége des Quatre-Nations.

Les murs avaient quatre tours aux quatre points où ils rejoignaient la rivière.

C'est en 1355 que la commune de Paris, dont nous avons vu l'origine, prit un grand essor. Les états-généraux s'assemblèrent à Paris; on y traita de l'indépendance nationale; et une capitation générale fut décrétée, ainsi que la levée de la milice des communes; mais la bataille de Poitiers exigea de nouveaux efforts. Dès qu'on en apprit la nouvelle, Paris se fortifia de nouveau; la noblesse prit parti contre la bourgoisie, qui trouva un grand appui dans la commune de Paris, dirigée par l'évêque Lecoq et le prevôt des marchands Marcel; Paris, pour la première fois, fit des barricades, la commune chassa la noblesse, et voulut faire une ligue avec les autres villes de France : ce fut une grande tentative de souveraineté populaire; mais le temps n'était pas venu.

Le seul résultat qui restât de l'énergie de la commune de Paris fut la construction de la nouvelle enceinte; ce fut la quatrième de Paris. Seize bourgeois furent chargés de la faire exécuter; elle fut terminée en quatre ans, et coûta 17,000 francs, somme énorme alors.

Outre l'enceinte de Philippe-Auguste, à laquelle on adjoignit des fossés de trente pieds de large sur seize de profondeur, revêtus de gazon et de palissades, on renferma les faubourgs dans l'enceinte qui régna depuis la rue du Petit-Carreau jusqu'au Palais-Royal, et alla se terminer par la rue Saint-Nicaise à la Seine. Charles V, en 1365, y ajouta tout ce qui s'étendait de l'arsenal à la Porte Saint-Antoine, et, en 1367, la Bastille fut bâtie.

En 1557, après la bataille de Saint-Quentin, les fortifications de Paris furent mises en état; elles sauvèrent la France.

La cinquième clôture eut lieu sous Charles IX; on y enferma le bourg Saint-Honoré jusqu'à Saint-Roch; cette enceinte fut continuée sous Henri III et devait être une enceinte bastionnée, dont une partie seulement fut construite vers la Bastille.

Lorsqu'Henri IV assiégea Paris, son enceinte était dans un état déplorable, cependant la ville résista énergiquement, et fit acte de souveraineté, comme nous l'avons vu, en imposant au roi la volonté du peuple français dont elle se fit l'organe, et en conservant l'unité nationale.

Henri IV détruisit une partie de l'enceinte ; en 1634, on y renferma les faubourgs Montmartre et Saint-Denis.

En 1638 il y eut un arrêt pour poser des bornes à l'enceinte de Paris.

En 1672, une ordonnance de Louis XIV traça l'enceinte de Paris; les boulevards existans encore montrent ce que fut cette septième enceinte au nord; au midi elle enveloppa les bourgs Saint-Marcel, Saint-Victor, Saint-Jacques, Saint-Michel et Saint-Germain-des-Prés.

En 1782, la ferme de Paris, d'après un projet présenté par Lavoisier, fit enceindre Paris de murs d'octroi qui existent encore.

Telles furent les enceintes successives de Paris.

Les revers de la fin du siècle de Louis XIV ramenèrent les pensées sur la nécessité de fortifier Paris. Après la bataille de Malplaquet, des partis ennemis poussèrent jusqu'à Compiègne, et des préparatifs étaient déjà faits à la cour pour se retirer derrière la Loire, tandis que le roi pensait à marcher à l'ennemi, à la tête de sa noblesse. La bataille de Dénain sauva la France.

Il est très-remarquable que ce moment de désastre fut pressenti par le célèbre Vauban; ce fut après la paix de Riswick qu'il adressa au roi un mémoire sur la nécessité de fortifier Paris.

Ce mémoire très-remarquable a déjà été publié dans *le Spectateur Militaire* et dans le *Journal des Sciences militaires;* mais il ne saurait être trop connu, et nous le joignons ici dans son entier, accompagné de l'espèce de préambule dont le fit précéder le général Lamarque; le patriotisme de ces deux grands hommes s'arrange bien d'une pareille alliance. (1)

Nous ne donnerons ici que l'analyse de ses propositions.

1° Réparer l'ancienne enceinte formée par les boulevards qui existent encore;

2° Construire une enceinte bastionnée occupant les hauteurs de Belleville, Montmartre, Chaillot, Saint-Jacques, Saint-Victor et les

(1) Voir aux notes et éclaircissemens.

autres, et s'étendant sur les deux rives en traversant la rivière. Cette enceinte devait avoir une escarpe de trente à quarante pieds du fond du fossé, dont la largeur devait être de vingt pieds de profondeur sur dix toises de largeur;

3° Faire deux citadelles de cinq bastions chacune;

4° Construire tous les établissemens nécessaires: magasins à poudre, arsenaux, magasins de munitions de guerre et de bouche, etc.

Vauban estimait que la place devait être armée de quatre cents pièces de canon, et munie 2 millions de poudre, et qu'elle pouvait être éfendue par 25 à 30,000 hommes, et par les bourgeois de Paris, et il ajoutait qu'il ne connaissait pas dans la chrétienté d'armée qui osât entreprendre de bombarder et encore moins d'assiéger Paris ainsi défendu.

Il pensait que ce travail pouvait être fait en douze ans, en faisant monter la dépense à 24 millions.

Il est vivement à regretter que ce projet n'ait pas été réalisé; certes, il était bien autrement utile que ces constructions fastueuses dont Louis XIV a couvert Paris et ses environs.

En 1790, on songea de nouveau au projet de fortifier Paris; le colonel d'Arçon fut chargé d'une reconnaissance à ce sujet, et il présenta un projet dont une portion fut exécutée entre Montmartre et Saint-Denis en 1792; il consistait en redoutes unies par des courtines à crémaillères.

Le capitaine d'artillerie Belair publia, en 1792, un ouvrage intitulé : *Défense de Paris et de tout l'Empire*.

« . . . . il faut, disait-il, que Paris » soit mis hors d'insulte, qu'il puisse résister » aux forces les plus imposantes, qu'il dé- » fende la révolution contre les traîtres du » dedans et les ennemis au dehors. »

Le même auteur proposait alors de secourir les Polonais, et disait que c'était le meilleur moyen de défendre Paris.

Le capitaine Belair proposait un camp retranché, enveloppant Saint-Denis et Vincennes, le confluent de la Marne et Vaugirard; il proposait en outre un échelonnement de redoutes sur toutes les lignes de communication dans les bassins des affluens de la Seine. Son système a quelque analogie avec ce qu'a proposé depuis le colonel Paixhans.

Ce système avait 9,000 toises de développement, et, par conséquent, ainsi qu'il l'observe, ne présentait pas un plus grand front que l'ensemble des fortifications proposé par Montalembert, pour couvrir les lignes de l'armée au siége de Philispbourg, et le camp de Schweydnitz, sous le roi de Prusse.

Mais aucun de ces projets ne fut exécuté. Nous avons vu que la défense de Paris en 1793 fut toute morale, et que l'énergie du peuple et du gouvernement sauva la France. Depuis ce moment il ne fut plus question de fortifier Paris, les frontières de l'empire étaient assez éloignées pour ôter toute crainte à cet égard; Napoléon s'occupa beaucoup cependant de relever les places fortes: de 1800 à 1813, il dépensa 171 millions, tant à des restaurations de places qu'à des constructions nouvelles. Mais malheureusement tout ne fut pas dépensé sur le sol national; s'il eût consacré le quart de cette somme à fortifier Paris, le sort de la France eût été tout autre.

Mais si, à cette époque, il ne reconnaissait pas la nécessité d'un vaste centre de défense pour la France, il la concevait pour l'Italie, car il écrivait en 1806 :

« Je veux que les forteresses de Turin, » Tortone, Milan, etc., soient réunies à » Alexandrie. »

Il écrivait le 14 mars 1811 :

« Les bras à armer dans les grandes occa» sions, c'est principalement à Paris et dans » le cœur de la vieille France qu'ils se trou» vent. Les dépôts principaux d'armes doi» vent être à Vincennes, Orléans, La Fère et » Toulouse. »

Le 10 mars 1812 :

« C'est un grand et beau projet que je veux » pour Vincennes, tel que dans les temps de » crainte, je puisse faire évacuer sur ce point » une grande quantité d'artillerie, d'une fron» tière menacée. »

Et dans la même année :

« Quand la guerre est en avant de Paris,

» où préparer les recrues, les effets, l'artillerie, les armes? on ne l'osera pas à Paris, si tout cela tombe en une seule bataille, » et où le faire aussi bien que là? »

En 1813, l'empereur pensa à fortifier Paris, mais il n'était plus temps, l'argent manquait, il y avait tant d'autres choses à faire(1). Cependant le plan de campagne qu'avait arrêté l'empereur, en 1814, avait, pour condition indispensable, de mettre Paris à l'abri d'un coup de main. En effet, l'empereur, au lieu d'attendre l'ennemi sur la frontière et de le jouer entre les places fortes, le laissa pénétrer en France, espérant l'y battre en détail, pendant qu'il marcherait sur Paris; l'exécution de ce plan qui était admirable, eût infailliblement détruit la coalition; mais Paris n'était pas fortifié, et il s'y trouvait des traîtres.

En effet, l'ennemi marchait sur Paris avec trois armées par les bassins de l'Aisne, de la Seine et de la Marne; Napoléon passa trans-

(1) Il faut lire dans les Mémoires sur la campagne de 1809, par le général Pelet, le projet de Napoléon sur la fortification de Paris.

versalement d'un de ces bassins dans l'autre, et défit successivement chaque armée, lorsque la trahison du commandant de Soissons fit opérer la réunion de deux corps, et amena la marche des alliés sur Paris, où les Talleyrand et compagnie firent le reste. L'empereur était avec son armée à Fontainebleau; deux jours de plus, et il eût fait repentir l'ennemi d'une pointe aussi hasardeuse.

Il est cependant remarquable que, même en l'absence de tout préparatif, 100,000 hommes furent arrêtés trois jours devant Paris, par 15,000 au plus.

Dans les cent jours, la première pensée de Napoléon fut de fortifier Paris; il n'était plus temps de songer au grand projet du général Haxo; aussi ne fut-il question que d'un camp retranché et de fortifications passagères.

Le 1er mai 1815, Napoléon adressa la lettre suivante au ministre de la guerre:

« Mon cousin, vous donnerez ordre au gé-
» néral Haxo et au général Rogniat, accom-
» pagnés d'un colonel du génie et de deux
» capitaines, de se rendre demain sur les hau-

» teurs de Montmartre, d'y tracer quatre » redoutes de 60 à 80 toises de côté exté- » rieur et battant les différens débouchés » de la montagne. Le colonel et les deux ca- » pitaines seront chargés de la suite des tra- » vaux. Dès demain, ces deux généraux » feront placer les jalons. Dès mardi, le co- » lonel et les officiers du génie formeront les » ateliers et mettront cinquante travailleurs » à chaque redoute, de sorte qu'avant jeudi » il y ait là mille ouvriers qui travaillent. » Mardi, les généraux continueront la visite » des hauteurs : ils feront placer les jalons sur » celles de Ménil-Montant pour le tracé de » tous les ouvrages qu'ils jugeront indispen- » sable d'élever. Ils ne perdront pas de vue » que mon but est de favoriser des troupes » inexpérimentées et de les mettre en état de » tenir contre de vieilles troupes. Quand ils » auront tracé les ouvrages de Ménil-Mon- » tant et de Belleville, ils suivront par Saint- » Denis et autres points la reconnaissance des » positions à fortifier pour compléter la dé- » fense de Paris.

» J'ai deux buts : l'un, de faire voir que » nous ne nous dissimulons pas le danger; » l'autre, de profiter du moment pour avoir » ces ouvrages qui, si nous avons la paix, se » trouveront faits et pourront, dans diffé- » rentes circonstances, être utiles. Vous au- » toriserez cette commission à se faire aider » par un détachement de l'école polythec- » nique.

» *Signé* Napoléon. »

Le général Haxo présenta ensuite un dispositif complet de défense. Il fut présenté à l'empereur, et adopté ; il consistait :

1° En un camp retranché enveloppant Saint-Denis, se prolongeant le long du canal jusqu'à la Villette, couvert par une inondation ;

2° En retranchemens couronnant les buttes Saint-Chaumont, Ménilmontant et Charonne, se prolongeant le long du mur d'enceinte jusqu'à Bercy, et se liant à Vincennes par une redoute bastionnée à l'extrémité de la grande avenue ;

3° En une seconde ligne de défense s'étendant de l'île de Clichy à travers la plaine, jusqu'à Montmartre qui en était enveloppé, et allant rejoindre les fortifications de la Villette;

4° D'une ligne continue enveloppant toute la portion de la ville sur la rive gauche depuis Vaugirard jusqu'à la Garre, et passant par les Moulins du Mont Parnasse, le petit Montrouge, la Glacière, et la Salpétrière.

Le dispositif ne fut exécuté qu'en partie, et sur la rive droite seulement, de Vincennes à Saint-Denis. Il présentait plusieurs défauts que le capitaine Choumara a fort bien, mais un peu aigrement, relevés dans une de ses lettres au maréchal Soult. Le plus capital de ces défauts est que le camp retranché est pris à revers par tout le cours de la Seine, de Sèvres à Saint-Denis, et, par conséquent, peut être tourné et neutralisé par un seul passage de cette rivière. On ne pouvait s'attendre, à la vérité, que l'ennemi se compromettrait au point de passer la Seine au-dessous de Paris pour venir tourner cette position, mais enfin cela arriva. La trahison livra le pont du Pec aux Prussiens, et ils firent la faute énorme de mettre entre eux et les Anglais, la Seine et ses détours en cherchant à se prolonger, de Saint-Germain par Versailles, à Choisy-le-Roi. Ils furent surpris dans ce mouvement par le corps de Vandamme ; et le résultat de l'engagement du général Excelmans entre Choisy et Versailles montra ce qu'eût été un engagement général, si Fouché n'eût arrêté les mouvemens de l'armée pour conclure son marché.

Napoléon, dans les mémoires dictés à Sainte-Hélène, a tracé, pour servir de réponse aux observations du général Rogniat, le tableau général des préparatifs qu'il fit, en 1815, pour résister à l'ennemi; quoique ce passage soit fort connu, nous n'hésitons pas à rapporter ici ce qui se rattache plus particulièrement à la défense de Paris.

« Quelque soin qu'on mît, dit-il, à réfor-
» mer l'armée, et à réorganiser la défense des
» frontières, il était à craindre, si les hosti-
» lités commençaient à l'automne, que les ar-
» mées de l'Europe conjurée ne fussent de
» beaucoup plus nombreuses que les armées
» françaises, et alors ce serait sous Paris et

» sous Lyon que se décideraient les destinées » de l'empire. Ces deux grandes villes avaient » jadis été fortifiées comme toutes les grandes » capitales de l'Europe, et, comme elles, elles » avaient depuis cessé de l'être. Napoléon avait » souvent eu la pensée, notamment au retour » de la campagne d'Austerlitz, de fortifier les » hauteurs de Paris. *La crainte d'inquiéter les » habitans*, les événemens qui se succédèrent » avec une incroyable rapidité, l'empêchèrent » de donner suite à ce projet; il pensait qu'une » grande capitale est la patrie de l'élite de la » nation; qu'elle est le centre de l'opinion, le » dépôt de tout, et que c'est la plus grande » des contradictions, que de laisser un point » aussi important sans défense immédiate. Aux » époques de malheurs et de grandes calami» tés, les états manquent souvent de soldats, » mais jamais d'hommes pour leur défense in» térieure; 50,000 gardes nationaux, 2 à 3000 » canonniers défendront une capitale fortifiée » contre une armée de 300,000 hommes; et » 50,000 hommes, en rase campagne, s'ils ne » sont pas des soldats faits et commandés par

» des officiers expérimentés, seront mis en » désordre par une charge de quelques mil» liers de chevaux. Paris avait dû, dix à douze » fois, son salut à ses murailles. Si, en 1814, » elle eût été une place forte capable de ré» sister seulement huit jours, quelle influence » cela n'aurait-il pas eu sur les événemens du » monde? Si, en 1805, Vienne eût été fortifié, » la bataille d'Ulm n'eût pas décidé de la » guerre; si, en 1806, Berlin avait été fortifié, » l'armée battue à Iéna s'y fût ralliée, et l'armée » russe l'y eût rejointe; si, en 1808, Madrid » avait été fortifié, l'armée française, après » les victoires d'Espinosa, de Tudela, de Bur» gos et de Somo-Sierra, n'eût pas marché sur » cette capitale, en laissant derrière Sala» manque et Valladolid, l'armée anglaise et » l'armée espagnole.

» Napoléon chargea le général Haxo de for» tifier Paris. Ce général fit retrancher les hau» teurs de Montmartre, celles inférieures des » Moulins et le plateau, depuis la butte de » Chaumont jusqu'aux hauteurs du Père la » Chaise. Il fit achever le canal de l'Ourcq de

» Saint-Denis au bassin de la Villette. Les » terres étaient jetées sur la rive gauche pour » former un rempart. Des demi-lunes furent » élevées sur la rive droite pour couvrir les » chaussées. Des ouvrages furent établis à » l'Étoile, sous le canon de Vincennes, et des » redoutes dans le parc de Bercy. Une capon- » nière de huit cent toises joignait la barrière » du Trône à la redoute de l'Étoile. Ces ou- » vrages étaient armés de sept cents pièces de » canon au 1er juin. Ceux de la rive gauche de » la Seine, depuis Bercy jusqu'à la barrière de » l'École Militaire, étaient tracés, mais il fal- » lait encore quinze jours pour les terminer. » Les travaux de la défense de Lyon étaient » confiés au général du génie Léry. »

Notre description est un peu différente de celle de Napoléon, mais nous avons eu l'avantage de la faire sur la carte même qui a été tracée à ce sujet, et qui manquait sans doute à l'empereur à Sainte-Hélène (1); les ouvrages tra-

(1) Ces ouvrages sont tracés sur la carte qui accompagne le texte, ils ont été relevés sur la carte même, tracée en 1815, pour le dépôt des fortifications.

cés étaient loin également d'être aussi avancés qu'il le dit; mais on remarquera que, sur les trois mois que Napoléon eut à se préparer à combattre, il en perdit un à douter de la guerre. Aussi commet-il une grande erreur en disant : « Si, en 1792, la France repoussa la » première coalition, c'est qu'elle avait eu » trois ans pour se préparer à lever 200 ba» taillons de gardes nationales. »

En 1792, la France était sans défense, l'effectif de l'armée, d'après le rapport même de Dumouriez, n'était que de 93,000 hommes au nord, et 35,000 au midi.

Au 1er janvier 1793, l'armée comptait déjà 200,000 combattans, six mois après elle en avait 600,000 sous les armes.

Napoléon, au contraire, trouva une armée de 250,000 hommes sous les armes; des officiers instruits, dévoués et pleins d'expérience revinrent de tous les côtés sous les drapeaux; il était le plus grand capitaine de son temps..... Mais il lui manquait un élément indispensable, dont la Convention disposait à son gré, le dévouement et la confiance du peuple.

Au mois de mai 1818, le seul ministre patriote qu'ait eu la restauration, le maréchal Saint-Cyr, institua une commission de défense composée de 9 officiers généraux, pris dans l'état-major général de l'armée, et dans les services spéciaux de l'artillerie et du génie.

L'objet du travail que cette commission avait à présenter était le système à adopter pour la défense de chaque frontière du royaume.

Ce travail devait faire connaître :

1° Les nouvelles places à créer pour assurer la défense générale du royaume ;

2° Celles des places actuellement existantes qu'on devait améliorer ou augmenter;

3° Celles qu'il convenait d'entretenir seulement dans leur état actuel ;

4° Celles qu'on devait laisser à elles-mêmes sans les entretenir;

5° Celles qui devaient être supprimées et démolies.

En outre, ce travail devait présenter une classification des places pour régler l'ordre de l'importance et de l'urgence des travaux.

Le travail de la commission fut terminé en février 1821.

Outre le travail général, deux membres (le général Guilleminot et le général Pelet), remirent un travail complet sur le même objet.

Les propositions de la commission de défense embrassaient la création de plusieurs nouvelles places : Hirson, Haguenau, Langres, Pont-de-Roide, Lyon, Châlons, Soissons, Paris, Tours.

Dans cette nomenclature, les ouvrages de Paris étaient ainsi indiqués :

« La commission reconnaît la nécessité de
» mettre Paris en état de défense, sans ad-
» mettre cependant que cette ville doive être
» défendue comme une place ordinaire, ren-
» fermée dans une enceinte continue. Elle est
» d'avis que Paris doit être couvert par des
» ouvrages détachés, établis sur quelques-uns
» des points dominans qui l'environnent, les-
» quels, combinés avec l'enceinte continue,
» déjà existante, et que l'on pourrait ren-

» forcer au moment de la guerre, par des con-
» structions passagères, puissent suffire pour
» mettre cette capitale en sûreté et à l'abri
» d'un bombardement avec le plus petit nombre
» de troupes possible, et servir au besoin de
» point d'appui à l'armée qui se serait repliée
» sous ses murs. »

En outre, la commission présentait un projet d'une circonscription militaire nouvelle, basée sur les nécessités de la défense, et au moyen de laquelle, la France, eût pu avoir constamment une organisation militaire présentant le front à l'ennemi. Nous n'avons pas besoin de dire que ce travail fut regardé comme non avenu (1).

Le 7 décembre 1828, un ministre, chez qui l'on retrouve souvent les excellentes intentions du maréchal Saint-Cyr, M. le général Decaux présenta au roi, le 7 décembre 1828, un rapport très-détaillé, pour demander la création d'une nouvelle commission de défense dans le sein du conseil supérieur de la guerre.

(1) Nous donnons, aux notes et éclaircissemens, ce travail important, qui se lie essentiellement à notre sujet.

Cette commission fut créée, mais ne fit aucun travail, le conseil supérieur de la guerre ayant, dès les premiers mois de son origine, été anéanti de fait, parce qu'il voulait attenter au privilége de la garde royale.

L'opinion publique cependant, s'occupa vivement de cette question.

Le brave et patriote général Lamarque la souleva le premier, dans le *Journal des sciences militaires*, le 1er janvier 1827. Son mémoire, qui servit d'introduction à la reproduction de celui de Vauban, et que nous y joignons aussi, montrera quelle était sa manière d'envisager cette question.

Pendant le même temps, elle fut traitée diversement par plusieurs écrivains militaires, dont trois, quoique séparément, l'envisagèrent sous le même point de vue.

Le premier en date fut l'auteur d'un ouvrage intitulé : *Essai sur la défense des états*, par un ancien élève de l'École polytechnique. (Ce titre cache M. Duvivier, officier supérieur du corps du génie militaire.) Son système se réduisait à ce peu de mots :

Raser toutes les places de la France, bâtir, à peu près au centre du pays, entre la Haute-Loire et l'Allier, une place qui ait 50 lieues de pourtour, y préparer d'avance tous les établissemens militaires, tous les moyens de recrutement et d'organisation d'armée, et y rallier le gouvernement et toutes les forces de l'état, en cas de danger.

Cet ouvrage, très-remarquable par l'érudition de l'auteur, en haute fortification, et surtout par l'esprit de patriotisme qui y règne, fit alors beaucoup de bruit, et fut vivement controversé dans les journaux militaires en Allemagne et en France.

La même idée fut présentée, sous des formes différentes, par le général Allix, dans une succession d'articles intitulés : *Considérations sur la défense des états*, et inséré dans le *Journal des Sciences militaires*, en 1827.

Le général Allix, moins exclusif, trouva, dans son expérience de la grande guerre et dans son haut patriotisme, les moyens de traiter cette question avec beaucoup d'intérêt. Les campagnes de 1814 et de 1815, surtout, où il avait joué un rôle important, y furent fort bien appréciées.

Le colonel marquis de Chambray envisagea aussi, dans le *Spectateur militaire*, la question sous le même point de vue relativement aux résultats, mais non quant au principe. Plein d'amertume contre l'esprit révolutionnaire des peuples, et de Paris en particulier, ne voyant dans l'organisation militaire qu'un moyen d'éloigner le soldat du citoyen, il envisagea le projet d'une capitale militaire autant comme objet de défense que comme moyen de neutraliser le pouvoir moral de la vraie capitale.

Cette question d'une capitale militaire, déjà traitée par Bousmard, qui disait: « Il ne faut » point faire de places fortes de nos villes, ni » des villes de nos places fortes, » a été controversée par plusieurs écrivains, mais jamais, autant que nous pouvons l'affirmer, d'après le véritable point de vue de la question. En effet, tous les auteurs de ces projets ont eu pour but de nier l'existence d'une capitale, et son influence sur l'état; mais une capitale, et Paris en particulier, était un fait inniable; ôtez Paris de la France, et il n'y a plus de principe d'union, il n'y a que des élémens de haine et de concurrence : il y a des Bourguignons, des Bretons, des Alsaciens, des Provençaux, ayant tous une langue et des intérêts divergens, et tout cela ne vit bien ensemble que parce qu'il y a une ville qui les réunit, et qui donne expression à la volonté nationale. Il y aurait bien sans cela, comme en Allemagne, 52 petits états parlant à peu près la même langue, mais cela ne constitue pas une nation.

Ainsi Paris ne peut pas plus être nié que la France : c'est un fait sur lequel il faut baser le raisonnement du gouvernement, comme celui de la défense; tandis que les auteurs des projets d'une capitale militaire ont établi leur raisonnement contre ce fait même.

En outre, ils se trompent militairement en pensant que la fortification appelle la guerre, et que par l'établissement d'une place centrale, ils y attireront l'ennemi et le détourneront de la capitale. Le général Jomini s'est chargé de leur répondre :

« En stratégie, le but d'une campagne dé-
» termine le point objectif. Si ce but est offen-
» sif, ce point sera l'occupation de la capitale
» de la puissance ennemie, ou celle d'une
» province militaire dont la perte pourrait dé-
» terminer l'ennemi à la paix. Dans la guerre
» d'invasion, la capitale est le point décisif
» que se propose l'assaillant..... Dans la défen-
» sive, le point objectif est celui qu'on veut cou-
» vrir; la capitale, par conséquent, est le point
» objectif principal de la défensive. » (Jomini, *Tableau analytique des grandes opérations militaires*.)

Nous nous hâtons de reconnaître que le général Allix et M. Duvivier ont reconnu depuis la nécessité de fortifier Paris.

Dans le huitième volume du *Spectateur*, un colonel du génie, M. de Laage, proposa d'abandonner quatre-vingts places fortes inutiles, et d'enfermer Paris dans un triangle dont les trois sommets, Chaillot, le Jardin des Plantes et Montmartre, seraient occupés par trois grandes places de 20,000 hommes de garnison, et réunies par des courtines en maçonnerie. Le capitaine Dunoyer lui répondit victorieusement dans le même journal.

« Le système de Vauban, dit ce dernier » officier, est une excellente garantie contre » l'invasion, mais Paris en est le complément » indispensable. Ce puissant réduit consolide» rait efficacement le système des forces dévelop» pées à la circonférence.

» L'enceinte continue, proposée par un de » nos plus habiles généraux, est fort préféra» ble au projet de M. le colonel de Laage, » qui exigerait l'emploi de forces militaires » bien plus considérables; d'ailleurs, la dé» fense de la capitale doit être confiée à ses » citoyens, et il faut, si l'on veut compter sur » eux pour défendre ces fortifications, leur in» spirer une grande confiance dans leur va» leur : or, des bourgeois peu habitués aux » raisonnemens stratégiques se trouveront » toujours plus en sûreté sous la protection » immédiate d'un rempart épais et d'un fossé » large et profond, que sous celle de places es» pacées, *qui auraient, d'ailleurs, un certain* » *air de bastilles peu fait pour leur plaire.* »

A peu près dans le même temps, une vive polémique s'éleva entre M. le général Valazé d'une part, et MM. Duvivier, de Chambray et de Laage de l'autre, sur les changemens survenus dans le système de guerre depuis la révolution, et le rôle qu'y joueraient les places fortes.

Le général Valazé défendit peut-être trop absolument le système de d'Arçon, de Cormontaigne, sur la valeur des places fortes; les autres, constans dans leur opinion de l'inutilité des places, la soutinrent plus absolument encore; mais M. Duvivier conclut cette fois à la nécessité de fortifier Paris:

« Napoléon, dit-il, arrêta avec 40,000 hom-» mes cette nuée d'hommes qui se ruaient sur » la France, et si son opération ne réussit pas, » c'est que l'ennemi entra à Paris, et que la » *politique* y fit crouler son empire: la con-» clusion est donc de fortifier Paris.

» Si nous voyions employer à fortifier Paris » les 43 millions déjà employés et ceux deman-» dés, nous croirions la France bien plus for-» midable; alors, sur les frontières, on pour-» rait faire des fautes impunément. »

Ce fut en 1830 que parut l'ouvrage du colonel Paixhans, intitulé : *Force et faiblesse militaires de la France.*

En laissant de côté, dans cet ouvrage, quelques vues spéciales sur la fortification, sur lesquelles l'auteur est, dit-on, revenu, on y trouve d'excellens principes sur la défense générale de la France et de Paris en particulier.

L'auteur cherche d'abord où est aujourd'hui la force militaire. « Ce n'est plus maintenant dans les casernes, répond-il, qu'est » la force, c'est dans le peuple. » Et alors il cherche quelle est l'organisation militaire la plus en harmonie avec la force populaire, qui en est le principal élément.

Il examine ensuite l'élément immobile de défense, et critique le système général des places fortes, tel qu'il est établi aujourd'hui.

Au nord, l'ennemi venant de Charleroy, de Luxembourg, ou de la Meuse, arrive dans nos vallées de l'Oise, de l'Aisne et de la Marne, et ces trois vallées conduisent à Paris ; La Fère, Laon et Soissons peuvent seuls nous défendre sur ces points, et que sont-ils dans l'état actuel ?

A l'est, l'ennemi débouche de Bâle, de Porentruy, de Neufchâtel, soit pour prendre l'Alsace en revers, soit pour marcher sur Lyon et pour pénétrer vers la Loire.

Les vallées de la Savoie, qui descendent sur Lyon et mènent au Jura, sont, par le Piémont, dans la dépendance de l'Autriche.

Nos routes des Alpes sont possédées par eux, et nos riches provinces du Rhône sont maintenant aux pieds des Alpes comme une campagne ouverte sous le canon d'une citadelle étrangère.

« Qu'est-ce qu'un point stratégique? ajoute-» t-il, c'est le point qui a des relations avec le » but où tend l'ennemi; or Paris est ce but lui-» même.

» Paris avec la Seine, avec la Marne, avec » les hauteurs et les communications envi-» ronnantes, est une position militaire du » premier ordre, soit en elle-même, soit rela-» tivement à la défense du territoire.

» Lyon est, en présence de la Suisse et de

» l'Italie, ce qu'est Paris en présence des en-
» nemis au nord.

» Paris et Lyon s'entre-aident admirable-
» ment pour la défense du territoire, le che-
» min direct étant plus court que celui que peut
» prendre l'ennemi. »

Il conclut de cet examen la nécessité d'unir la défense de Paris à celle de Lyon, en couvrant ces deux villes par une enceinte fortifiée, des ouvrages extérieurs et des places situées aux points stratégiques principaux de l'invasion dont Paris et Lyon sont le but objectif. Il se résume ainsi :

1re période de défense : les places frontières soutenues par les grandes positions fortifiées.

2e période : ces grandes positions soutenues en arrière par Paris et Lyon.

3e période : Paris et Lyon soutenus par les moyens préparés à l'avance.

4e période. Enfin, l'intérieur lui-même.

Quant à Paris, voici ce qu'il propose :

1° Autour de la ville une enceinte en *fortification permanente* de l'espèce la moins coûteuse, avec des flancs courts à plusieurs étages;

2° En avant, à demi-lieue, une lieue et même davantage, les points dominans occupés par des forts, ce qui obligerait l'ennemi à un circuit de 12 lieues;

« *Les forts extérieurs ne seraient point de* » *petites places ordinaires, car nous ne voulons* » *pas dissoudre l'armée en garnisons.* »

3° Les forts liés à la ville par des lignes à double face ou caponnières.

Quelques forts occupant les points éloignés agrandiront encore ces grands espaces.

4° Pour ne pas tout entreprendre à la fois, on peut d'abord se borner à bâtir l'enceinte, laissant à nos successeurs à édifier peu à peu le surplus.

Le colonel Paixhans examine ensuite les diverses objections à ce projet, et les réfute successivement; nous nous servirons de ses raisonnemens dans l'examen du projet ministériel.

Nous avons encore à faire figurer ici les propositions du général Rogniat, si connues par la polémique à laquelle elles ont donné lieu entre ce général et Napoléon.

Le premier dispositif du général Rogniat, contenu dans les considérations, était ainsi conçu :

Sur une frontière ouverte de cent dix lieues, cinq à six places espacées de quinze à vingt lieues, aux nœuds des principales routes, à cheval sur les fleuves ;

A vingt lieues en arrière, d'autres de même aussi espacées de quinze à vingt lieues, et ainsi de suite jusqu'au centre.

Les vices de ce dispositif étaient de ne pas diminuer les espaces, en se rapprochant du centre.

Cinq ans après, dans sa réponse aux critiques de Napoléon (page 91), il s'exprime ainsi :

« Organiser une ligne défensive sur la fron-
» tière, en profitant habilement des obstacles
» naturels, et en fortifiant les principaux défi-
» lés ; disposer autour de quelques grandes
» places un petit nombre de camps retranchés

» propres à donner asile à l'armée défensive;
» s'assurer des passages les plus importans
» des fleuves transversaux, par des places as-
» sises sur les deux rives, *envelopper d'une*
» *enceinte bastionnée* capable de résister à des
» moyens de campagne, la capitale et les autres
» grandes villes les plus exposées, tel est,
» selon moi, le dispositif de fortification le plus
» propre à la défense de la France. »

Assurément il y a une grande différence entre ces deux propositions, et on ne peut s'empêcher d'applaudir à cette seconde rédaction.

Le révolution de juillet ramena sur le terrain la question des fortifications de Paris avec une intensité qu'elle n'avait point eue jusqu'alors, et qui était une conséquence naturelle de l'élan de nationalité qui existait alors dans tous les cœurs.

Le gouvernement ordonna des travaux: ils eurent pour but l'établissement du camp retranché entre Vincennes et Saint-Denis. Ces travaux ont été construits pendant les campagnes de 1831 et 1832; ils donnèrent lieu à de graves discussions auxquelles prirent part le général Valazé, le général Bernard et plusieurs officiers du génie. Le roi lui-même, dans une visite faite à Vincennes en 1831, exprima son opinion d'une manière formelle, et le général Valazé se trouva en opposition directe avec lui. Il s'agissait de la fortification de Paris et des deux systèmes d'enceinte continue et de forts détachés. Le général Bernard, officier-général du génie, saisit cette occasion de rédiger et de présenter au comité du génie un dispositif de défense qui n'était autre chose que la mise en œuvre des idées royales. Ce plan fut adopté par le comité du génie, et à la suite de cette adoption, le général Bernard, devenu aide-de-camp du roi, remplaça le général Valazé comme directeur des travaux militaires de Paris.

Avant de passer à l'examen de ce plan, nous devons signaler, pour compléter l'historique de cette question, la lettre du capitaine du génie Choumara au ministre de la guerre, en 1831.

Cet officier, employé aux travaux de Paris,

proposa plusieurs modifications au tracé ordinaire des fortifications permanentes, et traita la question de la défense de Paris d'une manière remarquable, sans toutefois indiquer nettement ses vues positives à cet égard. Nous citerons ce passage de sa lettre, qui s'accorde trop avec nos sentimens patriotiques pour le passer sous silence.

« Mettre la ville de Paris à l'abri d'une at-
» taque de vive force, et en état de soutenir
» un siége long et opiniâtre, sans compromettre
» ses monumens, le repos, la sûreté et les ri-
» chesses de ses habitans; obtenir tous ces
» résultats avec peu de dépense et une garni-
» son peu considérable: tel est le problème le
» plus intéressant que puisse se proposer un
» officier du génie français. La solution de ce
» problème est de nature à influer sur le monde
» entier. »

CHAPITRE VII.

EXAMEN DU PROJET MINISTÉRIEL SUR LA DÉFENSE DE PARIS.

Le ministre de la guerre, forcé par la chambre des députés, présenta, le 2 avril 1833, le projet suivant :

Art. 1er. Un crédit de 35 millions est affecté aux travaux de défense de Paris.

Art. 2. Les fonds qui seront mis chaque année à la disposition du ministre de la guerre, seront l'objet d'un chapitre spécial dans le budget de son département.

La commission de la chambre (1) y ajouta ce troisième article :

« Les fortifications à élever autour de Paris seront construites selon le système indiqué au plan d'ensemble annexé à la présente loi. »

Les documens que nous avons pour connaître la pensée ministérielle sont :

1° Le rapport de M. le colonel Lamy ;

2° Les développemens justificatifs du projet de loi, et les pièces à l'appui ;

3° Le discours de M. le ministre de la guerre à la séance du 1er avril ;

4° Le discours de M. le général Bernard ;

5° Les observations de M. le général Mathieu Dumas.

Une courte description locale est nécessaire

(1) Composée des généraux Sébastiani et Stroltz, de MM. Dupin aîné, Delessert, Riollay, Garraube, Lamy et Viennet.

pour mettre le lecteur à même de juger de l'ensemble du projet, et des critiques dont il est l'objet.

Le cours général de la Seine, de Châtillon à la mer, suit une direction qui forme un angle d'environ trente-cinq degrés avec la méridienne; mais, de Fontainebleau à Paris, cet angle est plus aigu, et la direction est tout-à-fait nord-ouest; de Paris à Rouen, elle s'infléchit un peu vers le sud.

A Charenton, la Seine coulant presque directement au nord, reçoit la Marne, qui coule à l'ouest, et suit, jusqu'au pont d'Iéna, la direction qu'avait le cours de cette rivière; là elle prend une direction sud-ouest jusqu'à Meudon, où elle tourne successivement au nord, puis au nord-est jusqu'à Saint-Denis; là elle reprend la direction nord-ouest de son cours général.

De Charenton à Saint-Denis la Seine forme donc une courbe dont la corde la plus longue, qui est en même temps une tangente à son cours général, est d'environ quatorze mille mètres, et dont la corde la plus petite est de quatre mille entre Passy et Surênes; c'est cette presqu'île qui forme la position militaire de Paris au nord. Elle est occupée depuis Nogent, sur la Marne, par un contre-fort qui s'abaisse brusquement vers Paris, à Charonne, Ménil-Montant, Saint-Chaumont et Montmartre, et se continue jusqu'à Passy et Auteuil, par une pente moins prononcée; ces contre-forts ont une contre-pente vers l'autre branche de la rivière.

Tous les projets de défense dont Paris a été l'objet, ont eu pour but principal de profiter de cette excellente position militaire, qui donne, en effet, les moyens d'établir un vaste camp retranché, dont le front de bandière, appuyé à Vincennes et à Saint-Denis, couronne à droite les hauteurs dont nous venons de parler, et sur la gauche, est couvert par le canal de Saint-Denis, qui lui sert de fossé.

Tel était le projet du général d'Arcon, en 1792; celui du général Haxo, en 1815; celui du comité, en 1830.

Le projet du comité se compose donc: 1° d'un camp retranché entre Nogent et Saint-Denis.

Les ouvrages qui composent ce camp retranché sont, à partir de Nogent, un système d'ouvrages de fortification passagère, occupant les points de Nogent, Fontenay-sous-Bois, Rosny, Noisy et Romainville, et se liant, par une ligne à crémaillère, au canal de l'Ourcq, au point où il touche la route de Bondy. Ce canal est couvert par deux têtes de pont en avant de Pantin.

De là, les ouvrages sont disposés le long du canal de Saint-Denis.

Cette ville est couverte par des ouvrages et une inondation qui l'enveloppent en entier.

La seconde partie du projet du comité consiste en un système complet de forts détachés qui entourent Paris à peu près circonférentiellement, occupant autour de la ville, à une distance *maximum* de deux mille trois cents mètres, un périmètre de trente-cinq mille mètres, formé par le prolongement des axes de ces forts.

Ces forts sont au nombre de dix-sept.

Sur la rive droite de la Seine :

1° Le fort Charenton, au coin du parc de Vincennes, et dominant le pont d'Alfort;

2° Vincennes;

3° Le fort de l'Epine, entre Montreuil et Charonne;

4° Le fort des Bruyères, au-dessus de Belleville;

5° La redoute Saint-Chaumont, entre Belleville et les prés Saint-Gervais;

6° Le fort d'Orléans, au débouché du faubourg de la Villette;

7° Le fort de Chartres, au débouché du faubourg de la Chapelle;

8° Le fort Philippe, entre Clichy et Montmartre;

9° Le fort de Clichy, entre Villiers et les Thernes;

10° La redoute de Passy, au point où ce faubourg se lie au mur d'enceinte;

11° La redoute d'Auteuil, entre le faubourg et celui de Passy.

Sur la rive gauche de la Seine :

12° Le fort de Gravelle, sur la rivière, au bas d'Issy, dans la plaine de Grenelle;

13° Le fort de Vanvres, entre ce village et Vaugirard;

14° Le fort de Montrouge, en avant de ce village;

15° le fort de l'Observatoire, à la mire de l'Observatoire;

16° Le fort d'Italie, en arrière d'Ivry;

17° Enfin, le fort du Mont-Valérien, qui ne se lie point à cette défense, et qui est isolé sur la rive gauche de la Seine.

Les forts sont pentagonaux, et composés de cinq fronts bastionnés; les redoutes sont aussi pentagonales, mais sans bastions; les uns et les autres sont revêtus en maçonnerie avec une contrescarpe et un chemin couvert, et doivent contenir, dans leur intérieur, tous les établissemens nécessaires à une défense isolée : casemates pour loger les troupes et pour mettre l'artillerie à couvert, magasins à poudres, magasins de vivres, etc. Le système de défense est complété par le mur d'octroi, porté, sur tout son pourtour, à la hauteur de six mètres, et garni de deux rangs de créneaux, flanqué par des barrières, et par soixante-cinq tours ou bastions, pouvant recevoir, ensemble, trois cents vingt-cinq bouches à feu.

Ainsi, le dispositif général de la défense de Paris se compose :

1° D'un camp retranché entre Nogent et Saint-Denis ;

2° D'une ceinture de forts détachés autour de Paris ;

3° Du mur d'octroi, formant enceinte de sûreté.

Nous avons dit quel emplacement le camp retranché était destiné à occuper ; l'importance de cette position a été déjà relevée trop souvent pour qu'il soit nécessaire d'y revenir.

L'occupation de cette position agrandit la défense de Paris, en permettant à l'armée qui en est chargée, de se présenter réunie tout entière sur un front peu étendu.

Ainsi, les quatorze mille mètres dont se

compose le front de bandière du camp, pourront être occupés et défendus par une armée de 50,000 hommes, tandis que, pour investir ou insulter tout le pourtour de la défense générale de Paris, l'ennemi serait obligé de se prolonger sur un espace de plus de soixante-deux mille mètres; et s'il n'occupait pas cet espace, rien ne serait plus facile à l'armée, couverte par ses lignes, que d'envoyer un corps tourner l'ennemi par sa gauche ou sa droite, à la faveur des passages de la Seine et de la Marne, dont elle reste maîtresse; mais, comme l'a fort bien observé le capitaine Choumara, l'importance de cette position n'est que relative, et si elle peut tourner l'ennemi par sa droite et sa gauche, elle peut être prise à revers par tous les points de la Seine et de la Marne, qui sont en arrière d'elle. Il faut donc que ces points soient fortement occupés, tant pour augmenter le développement de la défense générale de Paris, que pour assurer la position du camp retranché.

En effet, le camp retranché est évidemment destiné à fournir une position défensive à l'armée qui sera retirée sous Paris, pendant que la force parisienne gardera, soit les remparts, soit les ouvrages qui couvrent la ville.

Il faut donc que l'armée, dans ses lignes, soit, pendant qu'elle est occupée à résister sur son front, garantie de toute attaque de flanc ou de revers, par les troupes chargées de la défense de la ville ; cette mutualité est la condition indispensable d'une bonne défense (1).

C'est là aussi le premier défaut du dispositif du comité.

On aurait pensé que le plan de ce comité étant de défendre Paris par des forts détachés, les forts eussent été, soit de fortes têtes de pont sur tous les passages de la rivière de Sèvres à Saint-Denis, soit des citadelles sur les points les plus importans de la rive gauche, afin d'empêcher le passage de la rivière, et d'éloigner entièrement l'ennemi de cette presqu'île, qui est la plus belle partie de la dé-

(1) Occuper un poste qui oblige l'ennemi à faire de grands détours, et qui mette en état de rompre ses projets par de petits mouvemens (Frédéric).

fense de Paris. Un tel dispositif de forts détachés n'eût eu rien d'inquiétant pour la population de Paris, puisque les forts eussent été en dehors de toute action sur la ville, et en eussent éloigné d'autant plus le champ d'opérations de l'ennemi. Ces forts eussent également assuré la défense du camp retranché de Saint-Denis à Vincennes, et Paris eût été enfermé ainsi dans un vaste polygone, dont le périmètre eût été de plus de cinquante mille mètres ou treize lieues, et eût obligé l'ennemi de se prolonger sur les deux rives de la Seine, et sur celles de la Marne pour l'entourer.

L'inspection seul du plan, joint au projet du comité, fait voir que ce but n'est point atteint par les forts existans.

Ainsi, les ponts de Sèvres, de Saint-Cloud, de Neuilly, d'Anières, les passages si faciles à opérer sous Meudon, et à Saint-Ouen, ne sont défendus par aucun ouvrage. Le Mont-Valérien ne peut avoir qu'une influence de surveillance à cet égard, n'étant soutenu par aucun ouvrage, et ne se liant pas à la Seine.

Les passages de la Marne, entre Charenton et Nogent, ne sont pas plus défendus. L'importante position de la presqu'île de Saint-Maur, qui prend de si utiles prolongemens sur toute la vallée de la Seine et de la Marne, n'est pas occupée. A la vérité, d'après une explication jointe à la carte, quelques ouvrages qui doivent être construits au moment même du besoin, sont déterminés par un pointillé, qui indique une tête de pont à Saint-Maur, et une ligne de redoutes à la gorge de la presqu'île; mais ce ne seront certainement pas des ouvrages de cette nature qui arrêteront l'ennemi, et on ne peut s'empêcher de regretter que le camp retranché de Nogent à Saint-Denis n'ait pas été complété par un choix de positions défensives, et fortifiées à l'avance, qui eût embrassé la gorge de la presqu'île de Saint-Maur, le confluent des deux rivières, Bicêtre, Meudon, Saint-Cloud, le Mont-Valérien, Courbevoie, Anières, Saint-Ouen, et qui se fût joint avec une forte tête de pont à Saint-Denis, permettant de déboucher à volonté dans l'autre presqu'île.

Tous ces ouvrages sont indispensables, car il faut que la position soit en même temps offensive et défensive, et que si l'ennemi, en occupant l'armée sur son front de bandière, tente une diversion par Versailles, ou par Choisy, on puisse le gagner sur ces points, et avoir un choix de positions toutes prêtes sur la rive gauche, soit pour l'y recevoir, soit pour s'y retirer après l'avoir attaqué dans son opération.

Nous reviendrons à ce raisonnement, qui nous semble un des plus forts, à l'appui du système de l'enceinte continue.

Mais nous en sommes à la critique du projet, et non à l'apologie de l'enceinte continue.

Le premier reproche fait au projet, et le plus grave, est de présenter l'apparence d'une défense contre Paris, bien plus qu'une défense pour Paris.

Ce reproche résume tous les autres, et, en effet, il constitue le défaut le plus grand d'un système de défense, c'est d'inspirer de la défiance à ceux qui sont chargés de le mettre en œuvre. La première condition d'une bonne fortification, comme de toute bonne position militaire, est, en effet, dans le sentiment de confiance qu'elle doit inspirer à ses défenseurs; car, le plus grand effet de la relation de l'attaque et de la défense est le résultat de l'influence morale exercée par l'une et par l'autre. La défense mettant donc celui qui en est chargé dans une infériorité morale relative, il est important de dissimuler, ou de neutraliser cette infériorité par la confiance même que doit donner l'œuvre de défense. « Il faut, dit Vauban, qu'un gouverneur » aime sa place comme sa maîtresse, et la » première condition qui lui est nécessaire, » c'est la confiance. » Il faudrait en dire presque autant de chaque habitant d'une place, et c'est ainsi effectivement qu'il en est des places de Metz, Lille et Strasbourg, où chaque citoyen regarde sa ville comme la meilleure place qui existe.

« Il faut, en effet, ainsi que l'a dit Napo» léon, que les garnisons des places soient » tirées de la population, et non des armées

» actives; *c'est la plus belle prérogative de la* » *garde nationale.* »

Et si un citoyen de Metz est enorgueilli de la seule pensée qu'il a à défendre le plus fort boulevard de la frontière, à plus forte raison faut-il que le Parisien, qui sait que de la défense de Paris dépend le sort de l'état, ait confiance dans l'œuvre même de cette défense.

Il faut donc qu'il aime la place à la défense de laquelle il doit contribuer; et cependant le premier sentiment envers ses fortifications sera un sentiment de haine et de défiance.

De haine, car il croit que ces fortifications sont autant contre lui que pour lui.

De défiance, parce que, ainsi que l'a si bien dit le capitaine du génie Dunoyer, que nous avons déjà cité, vous ne persuaderez jamais à un bourgeois, par un raisonnement, ce qui lui est démontré par sentiment; or, le sentiment naturel en voyant deux forts espacés de deux mille cinq cents mètres, c'est que l'ennemi passera au milieu.

Il en est de même quand on voit des canons

braqués d'en haut des remparts d'un fort contre une ville sans défense, et ainsi que l'a dit très-bien le général Lloyd : « Il n'y a point » d'argument direct qui puisse arracher des » esprits une opinion, bien ou mal fondée, » quand elle est générale ; on se donne bien » de la peine pour ne gagner que de la haine, » quand on entreprend de démontrer à un » homme que son sentiment est absurde. » Mais, dira-t-on, le devoir d'un homme de bien est de démontrer l'erreur au lieu de l'accréditer! sans doute, mais il faut avoir la conviction de l'erreur ; or, quand nous nous rappelons le 30 juillet, où le peuple de Paris, maître de sa ville, était menacé d'un bombardement de Montmartre; quand nous nous rappelons l'état de siége, au 6 juin, après la victoire, et la proposition de loi à la chambre des pairs, nous avons bien le droit de regarder cette question comme un moyen digne d'examen.

D'ailleurs il y a des faits fort inquiétans et qui méritent bien d'être signalés.

Du fort d'Italie à la place de Grève, il y a

4,000 mètres ; à la place Saint-Antoine, 3,000 mètres ; de ce même fort au centre des faubourgs Saint-Marceau et Saint-Victor, 2,000 mètres, et au centre de Bercy, 1,500, avec enfilade sur les rues Mouffetard, du jardin des Plantes, etc.

Du fort de Vanvres à la Croix-Rouge, 3,000 mètres.

De la redoute de Passy à la place de la Révolution et au Champ-de-Mars, 3,000 mètres, avec enfilade sur les deux rives de la Seine.

Du fort Philippe au boulevard des Italiens, 3,000 mètres, avec enfilade sur les rues de Clichy et de la Chaussée-d'Antin.

Du fort de Chartres et du fort d'Orléans à la porte Saint-Martin, 3,500 mètres.

De la redoute Saint-Chaumont au Château-d'Eau, 2,500 mètres, avec enfilade sur les rues du Faubourg-du-Temple et de l'Hôpital.

Du fort des Bruyères à la place Saint-Antoine, 2,500 mètres, avec enfilade sur la rue de Ménil-Montant.

Du fort de l'Epine au centre du faubourg

Saint-Antoine, 3,000 mètres; avec enfilade sur les rues de Charonne et de la Roquette.

Or, les portées des bouches à feu, destinées à lancer des projectiles verticaux, sont :

Mortier de 12 p^ces, à la Gomer. 3,000 mètres.
Obusier de 8 pouces long. . . 3,500
Pièce de 24, à 45 degrés, avec obus de 24. . . . . 4,500 mètres.

Cela ne laisse pas d'être quelque peu inquiétant, lorsqu'on songe que chaque fort est destiné à avoir une garnison de 1,000 hommes, un armement de 80 bouches à feu et un approvisionnement d'environ 25 milliers de poudre. M. le rapporteur fait un singulier raisonnement pour repousser ces craintes.

« On a dit que ces forts étaient des citadelles, dit-il, et une citadelle est intérieure ou rattachée à l'enceinte d'une place, et n'est séparée de la ville que par son rempart et une esplanade; or, les forts détachés sont séparés de Paris par le mur d'enceinte, ce ne sont donc point des citadelles; il n'y a donc rien à en craindre (1). D'abord, *nego minorem*, il y a des citadelles séparées de la place par des remparts; je ne citerai que celles de Mayence et de Mantoue. D'ailleurs, M. le colonel du génie a un peu abusé des termes : nous le renverrons au chapitre XIV du premier volume du *Mémorial* de Cormontaigne, intitulé : *Des*

(1) On doit vraisemblablement rapporter l'idée et l'établissement des citadelles au besoin qu'ont eu les souverains de contenir la bourgeoisie des villes.... et même pendant la paix une garnison eût pu souvent être victime d'une émeute populaire, si le prince n'avait pris ses précautions pour faire respecter ses ordres et ses troupes (Cormontaigne, chap. XIV). L'abus d'avoir fortifié de grandes villes populaires a enfanté la nécessité des citadelles. Il a bien fallu, dans une place où la garnison pouvait n'être pas la plus forte, ménager un refuge assuré contre la bourgeoisie, si celle-ci venait à se révolter. Il a bien fallu lui montrer un moyen toujours prêt de la châtier dans cette citadelle, dont l'artillerie pouvait détruire ses maisons..... Dans une ville habitée par le souverain, il avait dans la sûreté de sa personne et de sa famille, contre les révoltes populaires, un motif de plus pour y avoir une citadelle (Bousmard, livre VI).

« On prétend que je veux faire des citadelles ; c'est une calomnie, je ne veux de citadelles que dans le cœur de mes sujets ». (Henri IV.)

redoutes casematées et contre-minées, des pièces détachées, et de celles à revers inaccessible.

Il s'y convaincra que les forts détachés n'ont pas été inventés par le comité du génie, en 1830, et que *beaucoup de militaires osent dire de l'établissement de ces ouvrages : que c'est préparer pour l'ennemi des feux et flancs très-contraires à la fortification adjacente.*

« Mais, ajoute Cormontaigne : si ces pièces sont à revers inaccessibles, on ne peut s'en servir contre la place. » Or, pour poser un syllogisme un peu plus rationnel que le précédent, les forts détachés de Paris ne sont point à revers inaccessibles, on peut donc s'en servir contre la place.

Mais il faudrait encore qu'il y eût une place ; et certes, on n'appellera pas de ce nom une chemise formée d'un mur de 6 pieds de haut, soutenu par des voûtes de décharge, dans une partie de sa hauteur, et ne présentant dans le reste qu'une épaisseur d'un demi-mètre. Or, M. le colonel du génie n'ignore pas ce qui s'est passé à Saint-Sébastien, où les Anglais ont battu en brèche un mur de 4 mètres d'épaisseur à 600 mètres de distance. (Siége de la péninsule, par le colonel John Johnes.) Il n'ignore pas non plus les expériences qui ont été faites pour battre en brèche par le ricochet un mur qui n'est pas vu par les pièces qui le battent. Comment peut-il donc assurer que les batteries des forts détachés n'auront aucune action contre le mur d'enceinte ?

Le fort d'Italie est à 1,100 mètres du mur d'enceinte ; le fort Saint-Chaumont, à 1,300 ; la redoute de Passy, à 150. Or, la pénétration d'un boulet de 24 dans la maçonnerie est de 50 centimètres, épaisseur du mur d'octroi, et la portée moyenne de cette bouche à feu est de 2,000 à 2,400 mètres.

Assurément, s'il fallait adopter tout ce que dit M. le colonel Lamy sur le mur d'enceinte, il faudrait rétrograder en fortification au-delà, non pas seulement de Vauban, mais d'Errard de Bar-le-Duc, presque jusqu'à ces Hyppas de la Nouvelle-Zélande, dont parle Bousmard.

« Il faut, dit Carnot, à toute bonne fortification, une enceinte et un couvre-face. »

Ici, il n'y a ni l'un ni l'autre.

Les défenseurs du projet, qui ne sont pas ingénieurs, tels que M. le maréchal Soult et M. le général Mathieu-Dumas (*Observations sur les fortifications de Paris*), se sont contentés des argumens de sentiment, et ont repoussé les craintes par l'indignation. Assurément, ce sont d'excellens argumens ; et il est facile d'accumuler là-dessus de belles phrases, sur les éternels ennemis de l'ordre, sur les adversaires criminels d'un gouvernement émané de la volonté du peuple, et qui n'a d'autre sentiment que son bonheur ! Mais ces phrases ont malheureusement été appliquées à tous les gouvernemens possibles, et surtout à la restauration et à l'empire; et cependant, il est facile de prouver que l'empire, après l'affaire de Mallet, et la restauration toujours, ont eu, relativement à la population de Paris, des intentions peu bienveillantes, et tenues fort secrètes par ces gouvernemens qui ne manquaient pas non plus de faire parade de leur respect pour les droits et la liberté de leurs sujets.

Voici un document qui ne laisse aucun doute à cet égard, et qui pourra donner une idée de la manière dont on parle des peuples dans les conseils des princes.

Rapport au roi du 7 mai 1826.

« Sire,

» En soumettant à Votre Majesté un rapport spécial sur l'établissement de la caserne du Trocadéro, je crois de mon devoir d'appeler un moment son attention sur le système général d'après lequel le casernement de Paris me semble devoir être établi.

» Paris, si grand, tend constamment à s'accroître; et une force de choses que je crois irrésistible, tend de plus en plus à faire de Paris une ville à la fois industrielle et commerçante, c'est-à-dire une ville où les soulèvemens populaires sont le plus à redouter. Paris cependant est le centre du gouvernement, et en supposant que quelque jour il fût possible de transporter à Versailles la résidence du roi, Paris exercera toujours une action si puissante sur la France, que le gouvernement devra constamment être en mesure de maintenir cette grande capitale dans l'obéissance et le devoir.

» Votre Majesté n'ignore pas que c'est surtout dans une vue militaire, et pour pouvoir, en cas d'attaque du Louvre, gagner en sûreté le château des Tuileries, que Henri IV a construit la galerie qui réunit le Louvre aux Tuileries. Quand Louis XIV fonda Versailles et en fit la résidence royale, ce n'était pas seulement dans des vues de magnificence que ce grand roi prit une si importante détermination : le souvenir de la fronde était présent à sa pensée, et on sait qu'il avait voulu, avant tout, s'éloigner de son immense capitale, et qu'il fut même question, entre autres projets, de transporter sur la Loire le siége du gouvernement. Sans la faiblesse et la perfidie qui perdirent la monarchie au 6 octobre, la prévoyance du grand roi eût été facilement justifiée par la défaite des factieux qui osèrent venir de Paris pour attaquer la demeure de leur souverain.

» Enfin, Sire, quand Bonaparte s'établit dans le palais de nos rois, il sentit, plus qu'aucun autre, la nécessité d'isoler la demeure du souverain et de la mettre à l'abri des attaques d'une immense population qui se soulèverait contre le gouvernement. Ce fut dans ce dessein qu'il entreprit de construire la nouvelle galerie qui doit enceindre dans le palais même une immense place d'armes ayant des débouchés sur toutes ses faces, *qu'il isola le jardin des Tuileries* et fit percer la rue de Rivoli dont le prolongement doit aller jusqu'à la colonnade du Louvre, afin de dégager entièrement l'enceinte du palais (1).

» Mais il ne se contenta pas d'isoler le palais et de le placer entre de longs espaces que le canon ou des charges de cavalerie peuvent balayer avec la plus grande facilité, il ajouta à ces premières dispositions une précaution

(1) Tout ce *dispositif* de défense a été bien complété par le fossé qui sépare aujourd'hui le jardin du palais.

de détail qui mérite d'être remarquée, en réservant en face du pavillon Marsan une petite place en retraite, dont le but est évidemment de pouvoir, au besoin, réunir et mettre à couvert une réserve de troupes et d'artillerie; et par l'acquisition qu'il fit du terrain jusqu'à la rue Saint-Honoré, il s'assura les moyens d'agir sur cette importante communication. On sait enfin qu'il se refusa constamment à dégager la façade de Saint-Roch, où il avait appris, le 13 vendémiaire, que le peuple soulevé pouvait trouver un point d'appui redoutable, afin que du haut de cette citadelle on ne puisse pas prendre des vues sur les Tuileries, ou déboucher facilement de la butte Saint-Roch, près du château, sur la rue de Rivoli.

» Suivons maintenant l'ensemble de ses combinaisons, et voyons jusqu'à quel point il avait poussé la prévoyance du danger que peut faire courir au chef de l'État une population de près d'un million d'ames.

» La première disposition à l'aide de laquelle il avait appuyé son système, était l'établissement d'une caserne en face du Pont-Royal, afin d'être ainsi le maître des deux rives de la Seine, et de conserver toujours la communication libre avec les troupes casernées à Grenelle et à l'École Militaire; mais ce n'était pas assez, et il connaissait trop bien la guerre, pour ne pas savoir combien est grande l'influence qu'exerce l'occupation des hauteurs sur les populations qu'elles dominent, et il avait senti, en conséquence, la nécessité d'occuper fortement Chaillot. Mais, pour ne pas laisser percer au dehors ses craintes, et la méfiance dont son cœur était rempli, il annonça seulement le projet de construire ce qu'il appela le palais du roi de Rome, et voici en quoi consistait ce projet: le palais, placé sur la hauteur en face de l'École Militaire, dominant le pont d'Iéna, enfilant le cours entier de la rivière d'une part, et tout le développement de la rue de Rivoli de l'autre, devait être construit de manière à remplir toutes les conditions d'une véritable forteresse; mais pour lui donner toute la valeur dont elle était susceptible, il embrassait dans ses dépendances tout le grand plateau qui s'étend de la barrière de l'Étoile et de la hauteur des Bons-Hommes, jusqu'au bois de Boulogne et à la route de Neuilly. Sur ce plateau, il devait établir un immense jardin entouré de fortes murailles et de fossés profonds, qui en faisaient au besoin un véritable camp retranché, auquel arrivaient, par toutes les routes et sans être obligées d'entrer dans Paris, les troupes de Versailles, de Courbevoie et de Saint-Denis, etc , et en un mot la garde entière.

» Tel était, Sire, l'ensemble d'un système dont Votre Majesté appréciera la force.

» Vient maintenant celui dans lequel je crois nécessaire d'entrer. Le passé porte un flambeau destiné à éclairer l'avenir, et de trop malheureux exemples prouvent que l'autorité la plus légitime et même la plus paternelle peut avoir besoin de la force, pour qu'il ne soit pas d'une sage politique de s'assurer les moyens d'en user.

» Le premier fondement du système que je crois nécessaire de porter le plus rapidement possible à sa complète exécution, est la construction d'une forte caserne sur la hauteur de Chaillot; j'ai développé les avantages de cette position : elle domine le cours de la Seine, elle assure la possession des deux rives, par le pont d'Iéna; elle prend à revers la rue de Rivoli, les Champs-Élysées et les Tuileries; on y arrive de toutes parts sans être obligé de traverser Paris; c'est un point d'où l'on peut se porter et agir dans toutes les directions. Cette caserne présenterait l'aspect d'un monument élevé à la gloire du pacificateur de l'Espagne, mais dans la réalité elle aura toute la solidité d'un fort; des *dispositions particulières et non apparentes donneront la facilité d'y placer du canon;* elle sera isolée sur tout son pourtour; placée au bord de l'escarpement, faisant face à l'École Militaire, elle aura en arrière, dans la direction du bois de Boulogne, une grande place qui formerait au besoin une place d'armes pour la réunion des troupes. On aurait soin de diriger vers cette place de grandes communications dont la principale arriverait directement à la porte Maillot ; enfin, les alignemens des rues qui par suite pourraient être tracés à partir de ce plateau seraient dirigés vers l'intérieur de manière à ménager scrupuleusement les vues que la hauteur de Chaillot prend sur le cours de la rivière, sur les Champs-Élysées, sur les Tuileries et la rue de Rivoli. Le premier point établi, pour s'assurer plus complétement la possession des deux rives de la Seine, et la communication par le pont d'Iéna, on construirait de l'autre côté de ce pont la caserne de cavalerie destinée à remplacer celle qui se trouve retirée à la garde royale, par l'aliénation des terrains de Belle-Chasse ; et, pour avoir toujours à disposition libre et prompte de l'artillerie, on construirait au pied de la hauteur même de Chaillot, en face du pont, une caserne pour l'artillerie et le train de service.

» Un autre projet, du plus haut intérêt, est l'achèvement de la seconde galerie du Louvre, et la prolongation de la rue de Rivoli, jusqu'à la place de la Colonnade ; mais cet objet est entièrement en dehors des attributions du ministre de la guerre et je ne puis que l'indiquer à la sollicitude de Votre Majesté.

» Il est aussi très-important de conserver aux gardes du corps, et d'acquérir s'il se peut, la caserne qu'ils occupent de l'autre côté de la rivière, près du Pont-Royal. Le roi se rappelle sans doute que quand les anciens mousquetaires existaient, leur quartier était placé rue du Bac, dans l'endroit où est aujourd'hui le marché Boulainvilliers. Ce n'était pas sans doute sans une vue militaire que cet établissement avait été fait. Ce n'est peut-être pas sans l'influence des hommes qui préparaient la révolution que la destination a été changée.

» Mais ce n'est pas assez que pouvoir se défendre contre les soulèvemens d'une grande ville et de s'être assuré les moyens d'en faire une exemplaire justice, il faut autant que possible leur préparer des obstacles qui puissent les prévenir, ou les arrêter du moins dans leurs développemens, et, pour arriver à ce but, il existe un moyen simple, mais nécessaire : c'est d'établir les casernes des régimens de la garnison de manière à présenter partout, contre la population ameutée, des moyens de résistance et de répression qui la contiennent dans le devoir. Ces casernes doivent être isolées ; elles doivent autant que possible contenir les régimens entiers ; elles doivent être construites de manière à présenter au besoin une grande résistance, et à donner une action directe et énergique sur les quartiers populeux à portée desquels elles seront placées. Mais pour pouvoir les construire avec toutes ces conditions, il est nécessaire d'aliéner une partie considérable des caserne actuelles, et d'en employer le produit à en construire de nouvelles sur des points déterminés d'avance. Mon intention est de présenter à Votre Majesté un travail spécial sur cet objet.

» Enfin, il est une dernière disposition qui forme le complément du système, mais qui, toutefois, se rattache plus particulièrement à l'organisation générale de la défense du royaume ; je veux parler d'un fort, ou plutôt d'une grande citadelle à établir à Montmartre. Il peut être nécessaire quelque jour, par suite de grands désastres militaires, comme de grandes commotions politiques, de mettre en sûreté des objets précieux, des richesses d'une valeur immense; *il y a de plus une évidente utilité à tenir près d'une grande ville une forteresse qui la commande, et qui la contienne par la crainte*, en même temps que, dans la supposition d'une guerre malheureuse, elle empêche que l'ennemi ne puisse occuper en paix la capitale du royaume, et ménage contre lui des retours offensifs. C'est donc par de très-puissans motifs que je pense, avec beaucoup de militaires, qu'il conviendra d'établir, soit à Montmartre, soit sur un autre point, une résistance imposante; mais cet objet tient à un projet général de défense de Paris, qui appartient à des combinaisons d'un autre ordre, et je ne l'ai indiqué ici qu'à cause de sa liaison évidente avec le sujet de ce rapport. Tel est, Sire, le système que j'ai cru utile de soumettre à Votre Majesté; je ne lui demande pas aujourd'hui de l'approuver dans son entier, mais j'en disposerai les détails de manière à pouvoir prendre successivement ses ordres sur chaque objet en particulier; je lui demande uniquement de constater ici l'accomplissement d'un devoir qui m'était imposé dans l'intérêt de la monarchie.

Le ministre secrétaire d'état de la guerre,

Marquis de CLERMONT-TONNERRE.

Lu au conseil du roi, le 7 mai 1826; communiqué, par ordre du roi, au ministre de l'intérieur. »

Nous n'ajouterons aucune réflexion, les faits parlent assez d'eux mêmes, mais nous nous hâterons de conclure avec M. le rapporteur qu'il n'est point question dans le projet du gouvernement de l'établissement *d'une* citadelle; *ce sont dix-sept forts détachés, fortifiés également sur chaque côté de leur polygone, ayant* 1000 *hommes de garnison et* 80 *bouches à feu, distribués sur tout le périmètre de Paris:* à coup sûr, c'est bien différent.

Passons maintenant à la valeur de ces forts contre l'ennemi.

Avant d'examiner les raisonnemens apologétiques des auteurs du projet, nous présenterons à nos lecteurs quelques citations des auteurs les plus respectés en fortifications.

« La fortification est l'art de disposer avec le » moins de moyens ou de frais possibles un ter- » rain attaquable, de façon qu'un nombre » d'hommes proportionné à ce terrain, et fai- » sant leur devoir en gens de guerre, puissent » s'y défendre avec avantage, et pendant un » temps donné contre un grand nombre. » (Vauban *Défense des places.*)

« Si la garnison d'une place est disséminée » dans des ouvrages éloignés, et qui peuvent » être attaqués et pris par un petit nombre » d'ennemis, ils pourront par là être maîtres » de la ville, avec moins de monde qu'elle » n'en renferme. » *(Idem.)*

« Ne jamais porter un ouvrage en avant, que » celui qui doit le soutenir ne soit en état » de le faire avantageusement. » (Vauban.)

« Il vaut mieux centraliser, réunir, rappro- » cher ses forces, ses canons, ses machines de » guerre, que de les disséminer. » (Napoléon, *Notes sur le général Rogniat.*)

« Il est évident que, dans une petite place,

» on ne sait où conserver les vivres et les » munitions, ni où tenir les places sainement » et en sûreté; que toute la garnison y est » d'ordinaire entassée, mal à son aise, et » continuellement presque aussi exposée pen- » dant son repos que sous la palissade, at- » tendu que les petites places manquent tou- » jours de couvert à l'épreuve, d'où est venu » le proverbe général : petite place, mauvaise » place. On ne doit jamais en attendre une » longue défense, quelques précautions que » l'on ait prises pour la lui procurer, à moins » que sa situation ne change son espèce. C'est » donc tout autre chose de défendre un front » quelconque de fortification dans une petite » place, ou de défendre le même front tenant » à une grande; la défense de celle-ci coûtera » peut-être le double de monde à l'assiégeant, » parce que l'abondance et les commodités de » toute espèce se trouvent dans la grande » place, et non dans la petite. La raison fait » voir en effet qu'une grande place, beau- » coup plus largement munie, relativement à » deux points d'attaque, qu'une petite place,

» met la garnison bien plus à son aise...... De » là, plus de sorties, de coups de main, et de » chicanes contre l'ennemi, etc..... Ainsi le » fort de Kehl, quand il est uni à Strasbourg, » est aussi fort qu'un des fronts de cette ville; » s'il en est détaché, ce n'est rien du tout. » (Cormontaigne, chap. 6, § 2.)

« Quelque avantageuse que puisse être la » disposition des ouvrages d'une place, elle » ne servirait à rien, si l'on ne pouvait com» muniquer à tous ces ouvrages facilement et » sûrement. Un ouvrage qui n'a pas cette » condition essentielle devient, par ce seul » défaut, inutile, et quelquefois nuisible à » la place. » (*Idem.*)

« Entre toutes les différentes pièces de for» tification que l'art peut ajouter aux places, » celles contiguës à l'enceinte méritent la » préférence; elles sont bien autrement pro» tégées que celles situées au-delà des glacis; » l'expérience nous apprend que l'assiégé s'y » défend toujours plus vivement, et que l'é» tablissement y est plus difficile à l'ennemi. » On ne doit pas pour cela regarder comme

» inutiles les ouvrages extérieurs; mais, quand » il est question de porter une place à un » plus grand degré de défense que ne le com- » porterait sa force actuelle, il ne faut avoir » recours à des dehors qu'après avoir ajouté » tout ce qui est raisonnablement possible à » sa première enceinte. » (Chap. 12.)

« S'il se trouvait convenable d'établir plu- » sieurs de ces pièces (pièces détachées) pour » défendre le pourtour ou partie d'une grande » place, il faut remarquer que le canon au- » delà de quatre à cinq cents toises de dis- » tance a bien encore des plongées et des » ricochets fort dangereux pour les logemens » et sapes de l'assiégeant; mais, à cette dis- » tance, les coups sont forts incertains, et *la* » *plupart en pure perte:* il faudrait alors es- » pacer les pièces relativement à cette obser- » vation, c'est-à-dire, à cinq cents toises au » plus près, et à huit cents toises au plus » loin les unes des autres, ou de deux cents » cinquante à quatre cents toises des objets » que l'on prétend protéger par leur revers. » (Chap. 14.)

« Si devant la place il se présente un grand » terrain plat, il faut l'occuper par une en- » ceinte continue; mais si, au contraire, il » est inégal, accidenté, à replis, il faut y met- » tre des pièces détachées, qui en découvrent » toutes les parties, *pourvu qu'il soit bien* » *lié à la place*, pour donner facilité aux » sorties; ce sera un bon moyen d'ajouter à » la force des places. » (Bousmard.)

« Si on admet des forts extérieurs, il fau- » dra que ces forts ne soient pas trop consi- » dérables : or, de petits forts, avec nos for- » tifications en usage, seraient loin d'offrir » une résistance dont la durée fût en pro- » portion avec l'importance de l'objet à dé- » fendre. » (Paixhans, *force et faiblesse de la France*, page 126.)

« L'objet des troupes et munitions ne peut » jamais être séparé de la fortification. » (Fourcroy.)

Nous pourrions continuer ces citations à l'infini, tant le projet du comité nous semble contraire aux vrais principes de la fortification; mais nous les terminerons par cette phrase d'un officier de génie (M. Duvivier).

« De ce qu'on sait très-bien faire des bas-
» tions on ne peut pas en conclure qu'on
» sache à quoi ils servent; cela peut être ou
» ne pas être, selon les hommes. » (*Journal des sciences militaires.*)

Maintenant continuons l'examen du projet, et pour être plus sûrs de ne rien oublier dans notre critique, récapitulons les argumens apologétiques des auteurs.

1° M. le colonel Lamy, rapporteur.

La première partie de son mémoire est destinée à démontrer la nécessité de fortifier Paris; nous avons cherché à démontrer cette nécessité par des raisons autres que celles de M. le rapporteur, nous n'y reviendrons pas: d'ailleurs, quoique le problème posé par nous à M. le rapporteur soit le même, les données sont différentes; les siennes sont, le salut de la dynastie et du roi renfermant le salut du peuple; notre donnée absolue, c'est le salut du peuple, le reste n'a pour nous qu'une valeur relative. Mais suivons pas à pas les argumens de M. le rapporteur.

Le projet ne peut donner lieu à aucun soupçon sur les intentions du gouvernement, ayant été délibéré par la commission de défense en 1819, et par le comité du génie en 1830.

Nous avons déjà discuté l'argument moral et nous ajouterons seulement cette réflexion à ce que nous avons dit : c'est que le rapport de M. de Clermont-Tonnerre était fait en 1826, avec pleine connaissance du délibéré de 1819, et nous avons vu comment le gouvernement entendait en tirer parti.

Nous ne répéterons pas ce que nous avons dit sur le syllogisme des citadelles.

M. le rapporteur prétend que c'est traiter légèrement les révolutions que de les croire susceptibles d'être arrêtées par des obstacles matériels ; la révolution de 1789 a effectivement emporté d'assaut une bastille, mais dix-sept bastilles !

L'armée française trouvera sous les forts un abri assuré qui quadruplera ses forces.

Cela dépend absolument de la valeur de la fortification ; or, nous avons vu que le camp retranché peut être tourné et que les forts ne contribuent en rien à garantir les parties vulnérables : l'armée n'y trouvera donc pas un abri assuré. D'ailleurs devant fournir la garnison des forts, elle sera diminuée de 17,000 hommes en arrivant sous Paris; c'est autant de moins sur le quadruplement.

L'ennemi ne pourra passer entre les forts, parce que l'enceinte qui se trouvera derrière arrêtera ses

Tout, en effet, dépend de la valeur de l'enceinte, et nous voilà ramenés à la question de l'enceinte continue. Ici ce sont les forts qui tirent leur puissance de l'enceinte,

colonnes, et qu'il faut faire brèche à cette enceinte pour la forcer.

tandis que, dans le système général, c'est grâce aux forts qu'on peut se passer d'enceinte. Nous avons déjà vu combien il faudra se fier à un mur de 15 centimètres sans fossé, dominé par toutes les maisons, qui le bordent de l'autre côté du boulevard, et cependant l'enceinte continue est une si bonne chose par elle-même, que c'est encore là la garantie des auteurs du projet.

Quant à la certitude que l'ennemi ne pourra passer entre les forts, comment une pareille assertion peut-elle se soutenir, quand la distance maximum est de 3,500 mètres, et la distance moyenne de 2,500 ; quand ces forts sont cachés les uns aux autres par des faubourgs entiers, comme les forts Clichy et Passy, comme les forts Javelle et de Vanvres, et quand, outre cela, il y a des différences de niveau et des mouvemens de terrain qui dérobent entièrement la vue. Qui peut empêcher l'ennemi, par exemple, après avoir emporté le bois de Vincennes, de pénétrer dans le faubourg Saint-Antoine par Saint-Mandé?

L'ennemi sera obligé de faire un siége régulier de chaque fort, et avec d'autant plus de difficulté qu'ils se protégent tous les uns les autres, et qu'ils peuvent communiquer avec le centre de la défense.

Nous venons de prouver le contraire : si un ouvrage pouvait en soutenir un autre à 3,500 mètres, certes on n'ouvrirait pas la première parallèle à 600 mètres et quelquefois moins.

Quant à la communication avec le centre de la défense (d'abord, il n'y a pas de centre de défense), il est matériellement impossible, quand un fort est enveloppé de feux, qu'il communique à une enceinte, s'il n'y est lié par une caponnière, ou si la communication n'est couverte par un repli du terrain : or, il n'y a rien de prévu à cet égard dans le système.

Le dispositif résout ce double problème, que ce n'est point pour être défendu comme une place ordinaire que Paris doit être fortifié ; que ce n'est point faire une place de guerre de Paris que de l'entourer de forts détachés ; problème posé par la commission et le ministre.

M. le rapporteur répète deux fois complaisamment ces phrases ; nous n'y répondrons rien, sinon que Paris sera une *quasi-place*, susceptible de faire une *quasi-défense*.

La nécessité d'assiéger un des forts donnera à la France le temps d'arriver.

Ou à la trahison, le temps de faire ses arrangemens avec l'ennemi.

Pendant ce temps, le champ de bataille est ouvert pour le grand drame national, où le roi, le peuple, la dynastie, etc., joueront leur rôle, et sauront périr l'un pour l'autre.

Ce n'est pas un des moindres inconvéniens du projet, que de diviser l'armée en plusieurs fractions, d'éloigner l'armée de la ville, le soldat du citoyen, et le gouvernement de la population : quand une nation donne son dernier coup de collier, il faut que tous ses élémens soient réunis, pour que les faibles soient encouragés, et les traîtres surveillés. Assurément nous croyons au courage français, mais nous avons présens les souvenirs de 1814 et 1815, où les meilleurs patriotes étaient à se battre, pendant que les lâches et les ambitieux s'arrangeaient avec l'ennemi.

Nous nous souvenons de Varsovie, livrée lâchement à l'ennemi, pendant que ses défenseurs se faisaient tuer si bravement *dans ses forts détachés !*

Le superbe drame national peut être tout autre que la tragédie que décrit M. le rapporteur, et on sait très-bien que *les dynasties* savent se tirer d'affaire avec des dénouemens où le peuple seul est sacrifié.

Les forts rendent le blocus impossible.

Nous avons déjà vu le contraire : l'ennemi, maître des passages de la Seine et du camp retranché, bloquera les forts tout à son aise.

Les forts ne pourront servir à l'ennemi pour bloquer Paris, car la capitulation qui les leur livrerait serait une infame trahison, qui autoriserait la résistance nationale.

Sans doute, mais une fois livrés, l'insurrection deviendrait fort difficile; et avec un mur d'enceinte sans fossé, et qui peut par conséquent servir contre Paris autant que pour Paris, l'occupation devient chose très-facile.

35 millions seulement sont nécessaires pour les forts, 50 suffiraient à peine pour l'enceinte.

Quinze millions sont peu de chose pour assurer le salut de la patrie, s'il doit dépendre de la défense de Paris; mais à qui fera-t-on croire que dix-sept pentagones bastionnés, avec casemates, magasins, un armement de 80 bouches à feu, etc., un mur de 30,000 mètres de développement à construire, avec des tours, etc., ne coûteront que 35 millions. En 1827, le génie ne trouvait à acheter à Vincennes un terrain qu'à raison de 10,000 fr. l'arpent, et à ce compte 2,500,000 fr. d'achat de terrain pour les 17 forts ne donneraient que 140,000 fr. par fort, c'est-à-dire 14 arpens, et sans doute on n'a pas la prétention de construire un fort, avec un terrain militaire, dans ce petit espace.

En résumé, la commission,
1° reconnaît l'utilité et la nécessité de fortifier Paris;
2° Elle croit ce travail opportun;
3° Elle pense que le dispositif proposé assure toutes les garanties d'une bonne défense, et ménage mieux que tout autre les intérêts de la ville de Paris;
4° Elle nie formellement qu'il présente quelque danger pour la liberté, quelque chance d'appui pour le maintien de la tyrannie.

La Commission a jugé ainsi, nous avons fait ce livre pour que le public juge à son tour.

2° Discours de M. le maréchal Soult, ministre de la guerre, dans la séance du 1er avril 1833.

Dans ce discours, M. le maréchal parle toujours à la première personne, et s'attribue tout l'honneur du projet. Le rapport de M. le colonel Lamy, et l'historique que nous avons fait de ce projet, mettront le lecteur à même de savoir à quoi s'en tenir.

Du reste nous n'y trouvons aucun raisonnement en faveur du projet, si ce n'est que Vincennes, ne pouvant contenir tout l'approvisionnement de poudre nécessaire à la défense de Paris, les forts détachés permettront de loger séparément cette poudre, qui ne pourrait trouver de place dans le système d'enceintecontinue.

Nous demanderons à M. le maréchal où sont les magasins à poudre de Metz, dont les ouvrages ont vingt-cinq mille mètres de développement; de Lille, qui a trente mille mètres de fortifications; de Strasbourg, qui en a près de quarante mille. Les magasins à poudre dans les forts détachés seront aussi près des faubourgs que dans les bastions de l'enceinte; tout cela dépend de la situation relative des uns et des autres.

3° M. le maréchal a fait distribuer à la chambre des développemens justificatifs à l'appui du projet, qui ont déjà été examinés dans *le Constitutionnel;* nous nous bornerons à reproduire ici cette critique, qui, faite d'un point de vue un peu différent du nôtre, nous paraît laisser peu de chose à dire sur cette question.

DÉVELOPPEMENS JUSTIFICATIFS.	RÉPONSES.
L'injuste supposition qu'il pouvait entrer dans la pensée du pouvoir de faire servir, dans un intérêt contraire aux libertés du pays, des ouvrages élevés pour sa seule défense, a été repoussée comme elle devait l'être.	Non : car, nous l'avons déjà dit, il s'agit d'ouvrages permanens. Nous voulons croire toutes les intentions actuelles droites et innocentes ; mais les ministères passent, même les plus tenaces ; les princes durent plus, mais ne vivent pas toujours ; d'autres ministres, d'autres princes viendront ; or, il ne faut pas que jamais aucun d'eux puisse tourner contre Paris des fortifications élevées pour sa défense, par conséquent que ces fortifications présentent aucun front tourné vers la ville, et c'est ce que n'ont eu garde de faire les auteurs du projet d'enceinte fortifiée et bastionnée.
Paris a vu deux fois l'ennemi dans ses murs ; deux fois sa présence dans la capitale a dissous le gouvernement. L'opinion que c'est dans ce centre de défense, à la tête de ce qu'il y a d'hommes de cœur en France, que le roi constitutionnel périra, s'il le faut, les armes à la main, plutôt que d'abandonner la capitale, étant bien établie, le choix entre les deux systèmes différens ne pouvait être douteux.	Périr, même de la manière la plus héroïque, ce n'est rien sauver, et c'est de salut qu'il s'agit. D'interminables guerres, un long épuisement, une insurmontable lassitude, ont ouvert à l'ennemi, en 1814 et 1815, des portes qu'il eût trouvées fermées dans toute autre circonstance, et qu'il n'eût pu impunément forcer.
Une enceinte continue, surtout une enceinte sans dehors, serait facilement bloquée ; il suffirait à	De ces deux choses l'une : ou ces redoutes seront hors la portée des canons de 24, et alors elles ne refouleront pas ; ou elles seront assez rapprochées pour que

l'ennemi d'établir des redoutes armées de canons vis-à-vis chaque porte pour refouler les colonnes de sorties.

leur artillerie de campagne puisse nuire, et alors elles seront écrasées par les batteries de l'enceinte. En effet, que pourrait une malheureuse redoute, si maladroitement placée avec ses cinq ou six pièces de 12? Au bout de quelques momens elles seraient mise en éclats et en poudre, par le feu de la porte qu'elle prétendrait boucher et par celui des fronts collatéraux dirigeant à la fois contre elle cinquante à soixante canons de 24. Et puis, qui a appris à M. le maréchal que c'est par les portes qu'on fait des sorties?

Si l'on suppose que l'infanterie de la garnison, se rassemblant dans les fossés, en sorte à l'aide d'escaliers qu'on se propose de pratiquer dans la contrescarpe, ce moyen ne sera-t-il pas insuffisant pour la cavalerie et l'artillerie? Ces troupes de sorties, *poursuivies et repoussées l'épée dans les reins*, sans aucun obstacle à opposer à l'ennemi, qui arriverait en même temps qu'elles dans les fossés, comment rentreraient-elles dans la place?

D'abord, dans le système d'enceinte fortifiée, il ne s'agit pas de *sorties;* car c'est surtout par la garde nationale que cette enceinte serait défendue, et Napoléon à dit pour quelle raison il ne faut pas exposer à des charges de cavalerie ces troupes civiques, dont la bravoure n'est pas contestable, mais qui ont besoin qu'une protection matérielle les mette à l'abri de ces attaques ouvertes auxquelles, pour opposer une résistence efficace, il faut l'habitude des combats et des actions de guerre. Mais si, outre sa garde nationale, Paris renferme en infanterie de ligne, en cavalerie, en artillerie, une force suffisante pour opérer des sorties, M. le maréchal sait qu'on taille comme on veut une contrescarpe en terre, et par conséquent que l'on y pratique, à discrétion, toutes les voies nécessaires pour la cavalerie et l'artillerie. Quant au retour, durant le cours de sa longue carrière militaire, M. le maréchal a vu peu de ces poursuites si serrées que l'ennemi vous tienne l'épée dans les reins ; il y a toujours distance entre ceux qui poursuivent et ceux qui fuient ; ces derniers, aussitôt qu'ils ont regagné le fossé, s'écoulent par la droite et par la gauche, tandis que le feu de l'enceinte arrête et disperse les poursuivans ou les extermine s'ils continuent à s'avancer.

La prise d'un seul point d'une enceinte continue de huit lieues d'étendue entraîne la chute de tout le reste.

M. le maréchal conçoit-il la possibilité de forcer sur aucun point, *avec des moyens de campagne*, un mur de neuf pieds d'épaisseur, bien terrassé par derrière, placé en avant des faubourgs de manière à n'être dominé par aucune hauteur naturelle, par aucune construction élevée, et dont l'escarpe de trente pieds atteindrait les fenêtres du troisième étage d'une maison ordinaire ? Il parle des femmes et des enfans qui troublent la défense ; de on ne sait quelle tourbe de malveillans qui, dit-il, pullulent toujours dans les grandes villes, et de la nécessité d'en *isoler les défenseurs.* Cet isolement, cette séparation, est l'idée fixe de M. le maréchal. En 1814 et 1815, on n'a vu ni les femmes ni les enfans venir troubler la défense, et pourtant Paris était ouvert et sans fortifications ; nous ne craignons pas davantage la *tourbe des malveillans*, car ils ne parurent point alors, et M. le maréchal hésiterait peut-être à dire où il croit qu'ils étaient dans les journées de juillet ; nous ne craignons même pas la trahison qui livrerait une ou deux portes, car, quoi qu'en dise M. le ministre, il y a loin de l'occupation d'un point à la chute de tout le reste.

En ne donnant à la défense que soixante mille hommes (et il s'en trouverait cent mille au besoin), il y aurait vingt mille hommes aux fortifications, vingt mille en réserve et vingt mille au repos ; la réserve serait donc plus que suffisante pour repousser la colonne, qui ne pourrait pénétrer, se former et s'étendre dans l'espace de temps nécessaire pour devenir formidable. Ils n'est point de troupes assez téméraires, d'officiers assez inhabiles pour courir des chances si dangereuses, ou pour en tenter les hasards : ce serait s'exposer à une destruction complète.

Le système d'une ceinture de forts détachés, à portée de canon les uns des autres, à demi-lieue ou trois quarts de lieue du mur d'octroi, comme Vincennes, qui en ferait partie, formerait une suite de *positions inexpugnables* autour de Paris. En arrière on organiserait, *pour plus de sûreté*, au moment du besoin, des postes intermédiaires et un mur crénelé d'enceinte, en profitant, *autant que possible*, du mur d'octroi, et l'on crénelerait et barricaderait les têtes des faubourgs.

Voilà bien des précautions, des ouvrages accessoires, dont une seule enceinte fortifiée, avec son escarpe de trente pieds de hauteur, dispenserait. Si les positions défendues par les forts détachés sont inexpugnables, à quoi bon dépenser et l'argent que l'on dit et celui très-considérable dont on ne parle pas, en indemnités à donner aux personnes dont la propriété se trouverait détériorée pour former, en arrière, et des postes fortifiés, et un *mur crénelé d'enceinte* de six mètres d'élévation, et pour barricader les têtes des faubourgs ? C'est que vous reconnaissez, sans l'avouer, qu'il est plus facile de passer entre vos forts détachés, placés à 2,600, à 2,700, à 2,900 et même à 3,430 mètres les uns des autres, comme ceux d'Ivry et de Charenton, que de forcer sur aucun point, avec des moyens de campagne, une enceinte bastionnée dont le mur a trente pieds d'élévation.

L'idée de transformer Paris en une place de guerre n'est venue à aucun homme raisonnable ; c'est pour ne pas en faire une place fortifiée à l'ordinaire que les partisans de l'enceinte n'ont proposé qu'un rempart sans dehors, sans les demi-lunes, les chemins couverts, les contrescarpes dont vous faites grand bruit, mais dont eux ne parlent pas, parce que tout cela ne sert que pour retarder, dans une attaque faite avec de l'artillerie de siége, les travaux de cheminement; parce qu'il faut trois semaines pour conduire du gros canon sous les murs de Paris, et une semaine pour le mettre en batterie ; que ce qu'ils se proposent, c'est de gagner ce temps qui peut suffire au salut de la France, et que pour l'obtenir il n'est question que d'empêcher la ville d'être prise autrement que par une attaque régulière.

Le gouvernement doit réunir et faire refluer *sur Paris* ses armées, ses troupes de nouvelles levées, ses gardes nationales, pour repousser l'ennemi et dégager la capitale en concentrant toutes ses forces, car *c'est la concentration sur un point unique*, qui permet à la défense de changer de rôle et de se rendre offensive.

Cette opinion est diamétralement opposée à celles de Napoléon, du comité de défense, du comité du génie et de la commission de la chambre des députés : se concentrer sous Paris c'est abandonner, c'est livrer la France, c'est jouer le sort de 32 millions d'hommes sur le tapis vert d'un seul champ de bataille. C'est l'avis de la commission de défensé et du comité de fortifications, que si Paris était fortifié de manière à ne pouvoir être forcé que par un siége, l'armée française, délivrée du soin d'en couvrir constamment les avenues, pourrait se maintenir dans la région des places frontières, et profiter des circonstances pour agir contre l'ennemi, pour manœuvrer sur ses derrières et sur ses flancs, s'il pénétrait dans le pays, et couper sa ligne de communication s'il s'avançait de manière à ne pouvoir se dispenser d'en établir une, qui deviendrait d'autant plus vulnérable qu'elle se prolongerait davantage.

C'est aussi l'avis de MM. le comte Sébastiani, Dupin aîné, B. Delessert, Riollay, Viennet, Garaube, Stroltz, et du colonel Lamy, composant la commission chargée de l'examen du projet de la loi relatif aux travaux de défense de Paris, puisque, dans son rapport au nom de cette commission, M. Lamy dit :

« On peut apprécier combien l'obligation de couvrir constamment un point important ouvert aux aggressions subites, impose de gêne et nuit aux mouvemens militaires. Dans une pareille situation, *l'armée défensive est en quelque sorte paralysée.* Retenue malgré elle par ce centre d'attraction, elle ne pourrait profiter des chances favorables qui se présenteraient d'attaquer, de se porter en avant, et, au moindre échec, elle serait forcément attirée en arrière vers le point qu'il lui serait ordonné de couvrir; *elle opèrerait ainsi la plus funeste des retraites, celle qui s'exécute sur la ligne d'opérations que l'ennemi s'est promis de suivre.* Si, au contraire, l'armée est dispensée de l'obligation de couvrir constamment Paris, libre dans ses mouvemens, elle pourra, à l'aide d'habiles manœuvres, essayer de prendre l'ennemi en défaut, occuper sous lui des places ou des obstacles naturels, des positions de flancs qui forceraient l'armée envahissante à la suivre jusque sur le champ de bataille qu'elle se serait choisi et préparé d'avance. Mais cette liberté, cette indépendance, l'armée défensive ne peut les obtenir qu'autant que Paris aura été mis en état de résister pendant *quelque temps avec ses propres ressources*, c'est-à-dire lorsqu'il sera fortifié. »

Ainsi, cette vérité est reconnue et proclamée par M. le colonel Lamy lui-même; il conclut en un autre sens; mais nous n'avons point à nous occuper de cette contradiction.

4° Discours du général Bernard à la Chambre des Députés, séance du 1er avril.

1° Le développement total des forts permanens ne sera pas moitié de celui de l'enceinte; la zone de servitude sera donc la moitié de celle indispensable pour le rempart continu. La dépense sera des 2/3.

Le général Valazé a victorieusement répondu à cette objection. Ou le terrain entre les forts sera découvert et par conséquent soumis à la servitude, et alors elle sera triple de celle de l'enceinte, ou les forts ne se commanderont pas et ne se défendront pas mutuellement, et alors leur défense sera isolée et nulle relativement.

2° Les forts se trouvant placés de 1,400 à 1,500 mètres en avant du mur d'octroi, donneront la plus grande sécurité, relativement au bombardement.

L'enceinte projetée est sur le même terrain que les forts, le raisonnement basé sur ce résultat est donc le même dans les deux cas.

3° Les forts permettraient de tenir hors de Paris la force destinée à la défense active; pendant ce temps, le mur d'enceinte servirait d'enveloppe de sûreté, et serait défendu par la garde nationale.

La défense active, c'est le camp retranché; ce sont les retours offensifs par le passage de la Seine et de la Marne, et les attaques sur les fleuves ou sur les positions de front de l'ennemi trop étendues et mal appuyées. Il n'y a point de défense active possible contre un ennemi qui occupe la presqu'île, il faut subir un siége d'un fort ou de l'enceinte, et être bloqué pour le reste par l'ennemi qui occupe tous les passages de la Seine; d'ailleurs les espaces renfermés entre les forts ou entre l'enceinte projetée sont exactement les mêmes; seulement les troupes sont disponibles dans l'intérieur et peuvent être massées sur un point, tandis que dans le fort elles sont disséminées et isolées.

L'on remarque du reste que les défenseurs du projet des forts détachés s'appuient toujours sur l'enceinte fortifiée, comme garantie de la défense des forts.

4° Le système des forts détachés forme un vaste camp retranché de Saint-Denis à Charenton, de Charenton à Auteuil et d'Auteuil à Saint-Denis, qui oblige l'ennemi à se disséminer sur des lignes très-étendues, tandis que notre armée, maîtresse de tous les débouchés, peut se porter sur tous les points.

Voilà trois camps retranchés; le meilleur serait de n'en avoir qu'un bien défendu. D'ailleurs l'enceinte continue s'arrange très-bien du camp retranché; seulement on nie que l'armée soit maîtresse de tous les débouchés avec les forts détachés; car il faut encore avoir les passages sur la Seine et la Marne, et les auteurs du projet le sentent si bien qu'ils ont indiqué une première ligne de forts détachés à construire plus tard pour supporter les points principaux des passages des rivières; qui empêche donc de le faire avec le système de l'enceinte continue?

5° Au moyen de ce dispositif, la défense n'est pas dans Paris, mais hors de Paris.

La défense est dans Paris et hors de Paris, puisqu'au dire même des auteurs du projet, les forts détachés protègent en avant le mur d'enceinte, et le mur d'enceinte protège en arrière les forts détachés : c'est l'affaire de toute fortification ; seulement ici l'enceinte est nulle, et les communications avec les ouvrages extérieurs sont nuls aussi.

Où M. le général voit-il d'ailleurs que dans le système de l'enceinte continue il n'y a point de défense extérieure ? et le camp retranché !

6° Tandis qu'une enceinte continue ne remplirait son objet qu'après son entier achèvement, le système des forts détachés a l'avantage de pouvoir être exécuté successivement.

Et c'est cela même qui constitue son désavantage, car il est évident que si la rive gauche restait découverte pendant deux ans, et la presqu'île pendant trois ans, le camp retranché deviendrait inutile si on était surpris par une guerre imprévue, car l'ennemi entrerait tout de suite dans Paris. D'ailleurs il n'y a pas de plus mauvaise manière de procéder, en fortification comme en toute chose, que d'aller du détail au principal, de la circonférence au centre.

7° Les forts sont autant de dépôts de munitions, etc. Vincennes peut à peine contenir assez de munition pour un seul jour de bataille pour une armée de cent cinquante mille hommes.

Nous avons déjà répondu à cette objection. A Leipzick on a consommé 175,000 cartouches à canon, et un nombre proportionné de cartouches à balles ; où était l'approvisionnement ?

L'approvisionnement de bataille est dans les caissons de l'armée, l'approvisionnement de siége dans les magasins des bastions. Il ne peut être question dans aucun cas de mettre des magasins à poudre dans l'intérieur de Paris.

8° Enfin ce système est en harmonie avec les institutions d'un peuple libre.

Un peuple libre est un peuple garanti du despotisme par de bonnes institutions politiques, et de l'invasion par de bonnes institutions militaires : or, militairement et politiquement, la meilleure institution à établir c'est un système de défense complet qui garantisse le cœur de la France des résultats de la trahison et de l'attaque ; nous croyons que le système des forts détachés ne remplira aucune de ces conditions : il favorise la trahison, et ne garantit pas de l'attaque ; il ne convient donc pas à un peuple libre.

Du reste, nous rendons justice à M. le général Bernard ; il est impossible de déguiser avec plus d'adresse les inconvéniens moraux et matériels du projet ; mais nous l'invitons à réfléchir sur la différence qui doit exister entre le système d'institutions militaires convenables à la France, et celles dont peut s'arranger l'état social américain ; il peut y avoir en Amérique des localités à défendre, en France il n'y a qu'un peuple et qu'une unité, et le salut public est un comme la nation.

5° Observations sur le projet de loi relatif aux fortifications de Paris par le général Mathieu Dumas.

Nous y chercherions en vain quelques argumens nouveaux en faveur du projet. M. le général Mathieu Dumas se borne à justifier la commission de défense dont il a fait partie, à repousser par l'indignation les craintes inspirées par *les bastilles*, et enfin à combattre les objections fondées sur la facilité de passer entre les forts, et qu'il regarde comme les plus imposantes. M. le général les combat en faisant valoir : 1° la facilité qu'il y a de fortifier les intervalles des forts ; 2° l'obstacle opposé en arrière par le mur d'octroi. Ce raisonnement lui est commun avec tous les souteneurs du projet, qui n'ont pas remarqué, dans l'ardeur de leur zèle, qu'ils donnaient ainsi les meilleures raisons en faveur de l'enceinte continue ; car, 1° si vos forts ont besoin d'être liés par une fortification qui soit comme une courtine entre eux, pourquoi ne pas réaliser d'avance ce système qui n'est autre que celui d'une enceinte continue? 2° si vos forts ont besoin d'être soutenus en arrière par une enceinte continue, pourquoi ne pas construire cette enceinte avec tous les élémens nécessaires à une bonne défense, au lieu de vous borner à un misérable mur, que les premiers coups de canon jetteront par terre, ce qui n'inspirera aucune confiance à ses défenseurs, malgré les énormes travaux que vous y ferez faire ?

Récapitulons maintenant les objections faites au projet du gouvernement :

1° Il a deux inconvéniens moraux immenses, l'un d'avoir l'apparence d'être autant destiné contre que pour la ville qu'il doit défendre ; l'autre de donner à ceux qui sont chargés de l'œuvre de la défense un sentiment de défiance et de haine, au lieu du sentiment de confiance indispensable ;

2° Le camp retranché n'est pas garanti par les forts détachés du danger d'être tourné ou pris à revers ;

3° Les forts détachés diminuent le chiffre de l'armée, disséminent la défense, isolent l'armée de la population, le gouvernement de la ville, et donnent ainsi des chances à la trahison et à la faiblesse ;

4° Les forts ne suffisent pas pour empêcher l'ennemi de passer et d'arriver au mur d'enceinte, et alors il faut ou les lier par une fortification secondaire, ou compter sur l'enceinte qui est derrière; il en résulte que les forts ne vaudront qu'à condition de former enceinte continue, et d'avoir une seconde enceinte continue derrière; ne vaut-il pas mieux en avoir une seule bonne?

5° Les forts ne peuvent se soutenir entre eux à cause des différences de niveau, et des constructions intermédiaires;

6° Ils n'ont aucune communication assurée avec le centre *supposé* de la défense;

7° Ils ne rendent nullement le blocus impossible, n'occupant pas les points de passage des rivières qui forment la condition du blocus;

8° Ils ne donnent, par conséquent, aucun moyen de retours offensifs, et permettent à l'ennemi de concentrer ses forces sur un seul point, en gardant avec des détachemens très-faibles les points de passage;

9° Ils donnent un moyen d'occupation contre Paris, qui permet de faire du reste de la France tout ce qu'on voudra;

10° Ils coûteront beaucoup plus cher que le devis estimatif, sans valoir l'enceinte, et leur construction étant successive, ils ne donneront aucune garantie contre un événement subit;

11° Ils concentrent la défense générale sous Paris, tandis que le problème à résoudre est de mettre Paris à l'abri par une défense organisée pour sa population, pendant que l'armée manœuvre sur le flanc et les derrières des colonnes envahissantes.

Nous avons essayé de suivre nous-mêmes pied à pied les auteurs du projet dans leur défense, car il est à remarquer que ce projet, dès sa première apparition, a toujours été sur la défensive, et c'est, à notre avis, le plus grand inconvénient que puisse présenter un dispositif de défense, qui doit puiser sa force principale dans la confiance. Maintenant il nous reste à analyser l'œuvre du plus rude joûteur qu'ait rencontré le projet du comité, et qui joint à la critique l'avantage d'être l'auteur d'un projet contradictoire, qu'on a eu l'air de ne pas comprendre, pour le réfuter plus à son aise. L'ouvrage du général Valazé est le complément indispensable de cet écrit, et, avec le regret de ne pouvoir le citer en entier, nous en extrairons la plus grande partie, afin d'affaiblir le moins possible un si excellent résumé.

. . . .

« L'enceinte continue analogue à celle qui est indiquée par » Vauban dans ses Mémoires, envelopperait Paris et ses faubourgs. Elle passerait en tête de Bercy, du Petit-Charonne, » de Belleville, de la Villette, la Chapelle, Clignancourt, les » Batignolles et Passy sur la rive droite de la Seine; et en avant » de Vaugirard, du Petit-Montrouge, du Petit-Gentilly et » d'Austerlitz, sur la rive gauche. Elle se composerait de quatre-vingts fronts environ, présentant des côtés extérieurs de » trois cent soixante-dix mètres (terme moyen) et sans aucun » ouvrage extérieur. Ses escarpes auraient dix mètres (trente » pieds) de hauteur, et seraient assez bien couvertes pour » qu'on ne pût pas y faire brèche de la campagne. Ses contrescarpes en terre seraient taillées en banquettes, et feraient » office de corridor pour faciliter la surveillance au dehors et » les mouvemens des sorties.

» Paris renfermant en bâtimens militaires et en ressources » de toute espèce, de quoi satisfaire à tous les besoins de la » garnison la plus nombreuse, l'établissement d'une enceinte » n'exigerait d'autres constructions étrangères à la défense,

» que celles de quarante portes et autant de corps-de-garde attenans, et de quatorze magasins à poudre.

» L'autre système consisterait en une ligne de forts et ouvrages revêtus, enveloppant Paris à une demi-lieue à peu près de la muraille actuelle et distans les uns des autres aussi d'une demi-lieue.

. . . .

» En arrière de ces forts se trouverait la muraille comme deuxième ligne de défense. Tous les gardes nationaux de 1814 et 1815 savent parfaitement qu'à cette époque on ne lui avait attribué aucune propriété défensive. Il n'est personne qui, soit en entrant dans Paris, soit en se promenant sur les boulevards extérieurs, n'ait remarqué cette muraille, et ne sache que sa hauteur, qui, sur un développement de près de six lieues, varie de 7 à 12 pieds seulement, ne la met point à l'abri d'une escalade avec des échelles de jardiniers; que son épaisseur est si faible qu'elle peut être renversée à coups de pioche ou par l'explosion de quelques sacs de poudre. Il est évident d'après cela qu'elle n'est susceptible d'aucune augmentation de hauteur et d'aucune amélioration; d'autant plus qu'elle est dominée par les hauteurs de Belleville et de Montmartre, et à bout touchant par toutes les maisons qui bordent les boulevards sur une étendue de quatre lieues. Enfin l'ennemi, en s'avançant dans les immenses caponnières que forment les faubourgs, pourrait arriver en toute sûreté dans les maisons des boulevards, sans avoir été aperçu ni des hauteurs environnantes ni même de la muraille.

» Il résulte de prime abord de la description sommaire des deux systèmes, que l'enceinte présentant un obstacle matériel, qui parle aux sens et qu'on sait être infranchissable, doit donner à la population la plus grande sécurité, tandis que le système de forts la mettant, pour ainsi dire, en contact avec l'ennemi sur une étendue de sept lieues, doit la livrer à toutes les inquiétudes qu'engendrent la crainte d'une surprise ou l'issue d'un combat malheureux; mais poursuivons notre examen.

. . . .

» Avec une enceinte de quatre-vingts fronts, il ne faudrait » pas pour défendre Paris plus de quarante mille hommes; » car, suivant Vauban, s'il faut cinq cents hommes par bas- » tion dans une place ordinaire, ce chiffre doit diminuer à » mesure que la place s'agrandit. Cependant, comme Napo- » léon et la plupart des militaires ont pensé que la garnison de » Paris, vu l'espèce de troupes dont elle se composerait, devait » être de cinquante à soixante mille hommes, nous admet- » trons cette donnée.

» Une ceinture de forts autour de Paris ne formant, comme » on sait, qu'une position retranchée pour y recevoir la ba- » taille, l'évaluation des forces nécessaires pour s'y défendre » se déduit de ce qui est admis pour les camps retranchés. Or » celui d'une armée de trente mille hommes devant avoir un » front de deux mille mètres (1), il s'ensuivrait à la rigueur » qu'il faudrait quatre cent mille hommes pour défendre la » ceinture. Mais comme d'un côté les forts plus importans que » des ouvrages de campagne permettraient de ne pas fermer » les courtines d'hommes aussi hermétiquement que dans un » camp retranché ordinaire, et que d'un autre côté l'ennemi » n'attaquerait pas à la fois sur les deux rives avec la même » vigueur, il en résulte qu'on pourrait réduire à deux cent » mille hommes la force des troupes nécessaires pour défendre » Paris avec un système de forts détachés.

. . . .

» La défense de Paris exigerait donc trois fois moins de » troupes avec une enceinte qu'avec une ceinture de forts. Il » nous reste à voir d'où l'on tirerait les troupes qui concour- » raient à cette défense.

. . . .

» La défense de la capitale, renfermée dans une enceinte, » pourrait être confiée à sa garde nationale, sa véritable gar-

(1) *Considérations sur l'art de la guerre*, par M. le général Rogniat, p. 269.

» nison. C'est ainsi que Napoléon l'entendait ; et c'est ainsi » que pensait le comité de défense, lorsqu'il disait dans son » rapport à l'empereur, le 12 janvier 1814, *la défense de » cette vaste enceinte doit être confiée à la garde natio- » nale* (1). Les gardes nationaux iraient sans aucun doute à » l'envi garnir les remparts et y faire feu. Chacun d'eux sui- » vrait d'autant plus cette impulsion de son patriotisme, qu'il » ne se séparerait ni de ses propriétés, ni de son industrie, ni » des objets de ses affections, et qu'il se trouverait sous les » yeux de ceux dont il ambitionnerait les suffrages.

» Avec une ceinture de forts, on ne pourrait songer à aban- » donner Paris à ses propres moyens ; car, d'une part, les gar- » des nationaux ne seraient pas en état de défendre les inter- » valles, puisque ce serait *tenir la campagne ;* de l'autre, on » n'en trouverait guère qui consentissent à aller s'enfermer » dans des forts la plupart à une demi-lieue de Paris, aban- » donnant tout ce qu'ils ont de cher et de précieux à la merci » d'un ennemi vainqueur, qui n'aurait que des intervalles ou- » verts à franchir pour être au cœur de la capitale.

» Il faudrait donc que les armées du Nord et de l'Est pour- » vussent à la défense de Paris. Mais, pour cela, elles devraient » s'y rendre toutes ensemble, parce qu'étant obligées de cou- » vrir ce cœur de la France à la suite des revers qu'elles au- » raient éprouvés, elles ne pourraient, sans violer le principe » le plus simple de l'art de la guerre, se partager en deux » corps devant un ennemi victorieux et aussi supérieur en for- » ces. D'un autre côté, elles auraient été réduites de beaucoup » par les difficultés de la retraite, et par la nécessité de com- » pléter les garnisons de soixante places qui se trouveraient » découvertes toutes à la fois. Enfin elles n'auraient que peu » de renforts à espérer, puisque dans leur retraite elles au- » raient abandonné à l'ennemi vingt des plus beaux dépar- » temens de France, renfermant neuf millions d'ames, et qu'il » nous faudrait toujours garder les autres frontières du » royaume.

(1) *Spectateur militaire*, tome XIV, pag. 132.

» Ainsi donc, avec une enceinte continue autour de Paris, » nos armées, tranquilles sur le sort de la capitale, demeu- » reraient libres de leurs mouvemens et concourraient non- » seulement à la défense de Paris, mais encore à celle du ter- » ritoire; tandis qu'avec un système de forts, nos armées, au » moindre revers qu'elles éprouveraient sur les frontières, se- » raient obligées d'abandonner une partie notable du territoire » pour venir se concentrer sous Paris.

. . . .

» Mais supposons, par impossible, qu'on façonnât aussi » promptement cent cinquante mille gardes nationaux entre » les forts; nous ne comprenons pas pourquoi cela ne se ferait » pas aussi bien dans des camps sous le canon d'une enceinte; » et il en résulterait cet avantage que Paris ainsi fortifié, n'exi- » geant que cinquante à soixante mille hommes de garnison, on » serait en mesure d'envoyer, pour renforts aux armées, qua- » tre-vingt ou cent mille hommes qu'avec des forts on serait » obligé de garder sous Paris.

» Après avoir fait connaître les deux systèmes en question, » il nous reste à examiner quelles attaques on peut diriger » contre eux, et de quelle défense ils sont susceptibles.

» Vauban a dit dans son projet d'enceinte autour de Paris: » Je n'ai nul égard aux surprises ni aux intelligences parti- » culières, cette ville étant trop peuplée pour que l'on puisse » rien entreprendre contre elle sans faire de gros mouvemens » de troupes qui découvriraient tout.

» D'accord avec Vauban, nous n'admettons pas qu'il soit pos- » sible de surprendre une pareille enceinte. Quant à une at- » taque de vive force, elle ne peut avoir lieu qu'en escaladant » les escarpes avec des échelles de quarante pieds (treize mè- » tres) de longueur, ou en forçant les portes. Mais comme on » sera *sur ses gardes* à cause du voisinage de l'ennemi, est-il » possible qu'en supposant même un commencement de suc- » cès, il eût le temps matériel de faire entrer dans Paris assez » de monde pour résister aux attaques qui seraient dirigées

» contre la tête des colonnes par les gardes des fronts voisins » et les réserves qui se réuniraient sur les points menacés? Que » deviendraient ces colonnes qui, arrêtées de front, auraient » en même temps leurs queues, encore dans la campagne ou » dans les fossés, battues par les canons des fronts collatéraux? » Leur destruction serait inévitable.

. . . .

» Il n'en serait point ainsi avec des forts détachés. La po- » sition retranchée qu'ils formeraient pourrait toujours être at- » taquée avec les moyens que les armées ont à leur disposition; » car, en faisant quelques sacrifices, l'ennemi franchirait cer- » tainement les intervalles des forts et atteindrait presque aus- » sitôt les faubourgs. Une fois dans ces immenses caponnières, » touchant une muraille dont on connaît la faiblesse et la mau- » vaise disposition, il pénétrerait sans difficulté dans la » capitale.

» Qu'on ne vienne pas dire que les colonnes ennemies ne » franchiraient pas les intervalles ouverts, battues qu'elle se- » raient en flanc et en queue par les canons des forts. On peut » répondre d'abord que l'ennemi choisirait probablement la » nuit pour son opération, et que, s'il l'entreprenait de jour, il » aurait préalablement écrasé les forts des feux de sa nom- » breuse artillerie de campagne. Mais, en supposant même » l'artillerie des forts intacte, seraient-ce une douzaine ou » une vingtaine de coups de canon tirés à un quart de lieue de » distance qui pourraient arrêter les colonnes ennemies? Qu'on » songe à tous les couverts qui favoriseraient la marche des co- » lonnes! plusieurs même passeraient sans être aperçues des » forts.

. . . .

» A la bataille de la Gevora, le maréchal Soult ayant donné » l'ordre à la division Girard d'attaquer le flanc droit des Es- » pagnols, cette division marcha en colonne à mille mètres du » fort San Cristoval, et se forma ensuite en bataille perpen- » diculairement au flanc droit de l'armée ennemie, ayant à dos

» et à mille mètres de distance le canon du fort, et celui de » Badajoz à quinze cents mètres. Ce dernier exemple nous pa- » raît un argument sans réplique.

. . . .

» Nous avons fait voir que si Paris avait une enceinte, l'en- » nemi ne pourrait s'en rendre maître sans faire venir un » équipage de siège et sans se livrer à toutes les opérations » d'une attaque régulière, jusqu'à l'établissement des bat- » teries de brèche. D'après les calculs de l'art, le temps néces- » saire à ces deux opérations ne pourrait être moindre d'un » mois.

» Or, si l'on remarque que l'ennemi dès le premier jour de » son arrivée intercepterait par ses coureurs tous les arrivages » de dehors, et qu'un mois est le maximum de temps pendant » lequel on pourrait priver de ses marchés habituels une popu- » lation de huit cent mille ames, on verra que l'enceinte don- » nerait le moyen de défendre Paris aussi long-temps qu'il est » possible de le faire; et comme cet espace de temps suffirait » à la France pour obtenir par ses efforts la délivrance de la » capitale, il s'ensuit qu'une enceinte satisferait à ce qu'on » peut raisonnablement exiger des fortifications de Paris.

» Mais que l'on essaie d'appliquer cette remarque à la ceinture » de forts, et l'on comprendra aussitôt que l'ennemi, pouvant » l'enlever en un jour au moyen de quelques sacrifices, n'au- » rait pas besoin d'attaquer régulièrement les forts pour entrer » dans la capitale. Ce système ne satisferait donc nullement à » ce que Paris doit attendre de ses fortifications.

» Il résulte de l'examen que nous venons de faire des deux » systèmes considérés sous le point de vue militaire, qu'une » enceinte garantirait Paris contre toute attaque faite avec des » moyens de campagne, et qu'une ceinture de forts n'empê- » cherait pas le succès d'une semblable attaque. Par conséquent » avec une enceinte autour de Paris nos armées pourraient, » libres de leurs mouvement, manœuvrer pendant un certain » temps sur les flancs et les derrières de l'ennemi, tandis qu'a- » vec une ceinture de forts, nos armées, au premier revers,

» qu'elle auraient sur les frontières, devraient se concentrer » sur Paris. Enfin, quel que fût le sort d'une bataille sous une » enceinte, l'ennemi n'en serait pas moins obligé, pour entrer » dans Paris, à toutes les lenteurs d'un siége. Avec un système » de forts, la prise de la capitale serait la suite inévitable d'une » bataille perdue.

» Ainsi donc une enceinte remplirait complétement l'objet » qu'on se propose en fortifiant Paris, et une ceinture de forts » ne le remplirait en aucune façon.

» Nous allons maintenant considérer les deux systèmes sous » le point de vue de la dépense.

» Une enceinte autour de Paris paraît à quelques personnes » un travail gigantesque. Cependant si l'on compare le déve- » loppement de ses remparts à celui de tous les ouvrages qui » environnent nos places de Lille, Strasbourg et Metz, on » trouve dans la première de ces places l'équivalent de trente- » quatre mille mètres courans de parapets revêtus, et dans les » deux autres vingt-huit mille et vingt-quatre mille, c'est-à-dire » que le développement des ouvrages de Lille est aussi consi- » dérable que celui de l'enceinte de Paris, et que les autres » s'en rapprochent beaucoup.

» Les enceintes de Pragues et de Gênes sont chacune plus » grandes que la moitié de celle qu'il faudrait à Paris.

» Vauban et Napoléon n'avaient rien trouvé de gigantesque » dans cette enceinte, puisqu'ils en parlaient comme d'une » chose toute naturelle. On pourrait ajouter que Cormontaigne » n'eût point reculé devant un semblable travail, lui qui nous » a laissé dans ses mémoires un projet d'enceinte pour les ca- » pitales des provinces, dans lequel on trouve l'équivalent de » soixante fronts complets avec contrescarpes en maçonnerie » et ouvrages extérieurs et intérieurs. Certes ce projet équivaut » au moins à l'enceinte de Paris sans contrescarpes ni dehors.

» En donnant à l'enceinte de Paris un profil conforme aux » principes ordinaires de la fortification, elle a été estimée » 46 millions, en y comprenant la construction de quarante portes » et d'autant de corps-de-garde, celle de quatorze magasins à

» poudre, et les acquisitions de tous les terrains (1). Cette esti-
» mation a été faite très-largement afin d'éviter toute contes-
» tation. Mais une considération importante montre qu'on se-
» rait bien loin d'être obligé à cette dépense.

» L'enceinte serait une autre fermeture d'octroi qui augmen-
» terait la population de Paris de cinquante mille ames, et pro-
» duirait un accroissement de deux millions dans les revenus
» de la ville, tant à cause de cette population nouvelle que par
» les grandes consommations qui se font actuellement hors des
» barrières, et qui auraient lieu dans Paris. De plus un revê-
» tement de trente pieds avec fossé large et profond ne per-
» mettrait plus de faire la contrebande qui s'exécute par-dessus
» et par-dessous la faible muraille actuelle, et qui enlève aux re-
» cettes de l'octroi environ 800,000 fr. par an. D'un autre côté
» la ville entrerait en possession d'un capital de plus de 3 mil-
» lions provenant de la valeur de la muraille, de ses corps de
» garde et des terrains qu'ils occupent. Le gouvernement, qui
» déjà prélève 10 p. % sur l'octroi, pourrait donc contracter
» un emprunt de 20 millions, dont il ferait servir l'intérêt et
» l'amortissement par une augmentation de prélèvement pen-
» dant quelques années sur les gros revenus que l'enceinte au-
» rait créés. D'où il résulterait que la construction de cette en-
» ceinte ne coûterait réellement que 26 millions. »

(1) *Estimation de l'enceinte.*

Terrassement. — 4,833,000 mètres cubes de terre à deux fr.	9,666,000 fr.
Maçonnerie. — 35,800 mètres courans à 600 fr. (12 fr. le mètre cube)	21,480,000
Acquisition de terrains — 602,5 hectares à 14000 fr. (terme moyen)	8,435,000
Quarante portes	4,600,000
Quarante corps-de-garde	640,000
Quatorze magasins à poudre de 75,000 kilog	1,092,000
TOTAL	45,913,000 fr.

. . . .

« Relativement au système des forts, on assure que la dé- » pense ne doit monter qu'à 39 millions. On n'est fixé que sur » l'emplacement des cinq ouvrages dont les terrains sont » achetés, et pour la construction desquels des fonds doivent » être faits cette année. Ainsi le projet d'après lequel on a fixé » le chiffre peut être modifié, et même il existe tant de vague à » ce sujet qu'on ne sait si l'estimation comprend deux places » dont on parle dans le public comme devant être bientôt con- » struites, l'une à Saint-Denis et l'autre au Mont-Valérien. La » somme de 39 millions serait donc le minimum de ce que l'é- » tat aurait à fournir pour l'exécution du système des forts, » puisque aucune considération ne viendrait en atténuer la dé- » pense dans le cas de l'enceinte.

» Quel que soit le système adopté, les fortifications impo- » seront sur le terrain environnant des servitudes qu'il im- » porte d'examiner.

» D'après les précautions prises dans le tracé de l'enceinte, » les servitudes ne porteraient que sur des terrains peu ou point » bâtis, et ne causeraient aucune gêne aux propriétaires qui » habitent les faubourgs.

» Pour les forts il n'en serait point ainsi; car leurs positions » étant, pour la plupart, obligées par la forme du terrain, et les » servitudes qu'ils imposeraient devant exister sur tout leur » pourtour, elles porteraient sur des parties de villages ou de » culture importante. De plus, ces forts n'agissant pour la dé- » fense de Paris que par une action simultanée, devraient » découvrir entièrement les intervalles qui les séparent : par » conséquent il faudrait empêcher d'y bâtir. Il suivrait de là » que les servitudes s'exerceraient sur un terrain représenté par » une bande continue autour de Paris, limitée à deux lignes » tangeantes en dehors et en dedans aux zones des forts. Cet » espace frappé de servitude serait au moins triple de celui » qu'exigerait l'enceinte, et de plus il comprendrait les villages » principaux qui avoisinent Paris, tels que Charenton, Bagno- » let, Belleville, la Villette, les Ternes, Passy, Vaugirard, » Montrouge, Gentilly et plusieurs autres. Il en résulterait

» évidemment une grande perturbation dans la valeur et la » jouissance des propriétés d'une foule de citoyens; et s'il fal- » lait un jour donner des indemnités aux propriétaires, les » forts obligeraient à une dépense quatre ou cinq fois plus » forte que celle de l'enceinte. »

. . . .

« Si l'on exécutait une enceinte, on pourrait disposer de » suite de 25 millions au moins, savoir du produit de l'emprunt, » plus de 5 millions, que la Chambre voterait annuellement » jusqu'à l'achèvement des travaux. Avec cette somme on achè- » terait la première année tous les terrains que devraient occu- » per les fortifications, et on exécuterait dans tout son relief, » le terrassement de l'enceinte, depuis Bercy jusqu'à la Vil- » lette sur la rive droite, et de la Seine à la Seine sur la rive gau- » che. De plus on revêtirait douze ou quinze fronts sur la rive » droite. De cette manière et au moyen des travaux déjà » exécutés depuis la Villette jusqu'à Saint-Denis, Paris se » trouverait, dès la première année, susceptible d'être défendu » sur les deux rives de la Seine, mieux qu'il ne l'a été en 1815 » sur la rive droite seulement.

» Comme il existerait sur les deux rives trente fronts envi- » ron, dans les fossés desquels on pourrait jeter trois mètres » d'eau, soit au moyen de la Seine, soit au moyen du canal de » l'Ourcq, on revêtirait dans le cours des deux années suivan- » tes les trente-huit fronts qui ne seraient pas susceptibles de » ce moyen de défense, de sorte qu'au bout de la troisième » année l'ennemi ne pourrait pénétrer dans Paris qu'avec des » moyens de siége.

» Les deux années suivantes seraient employées à revêtir les » trente fronts à fossés plein d'eau, et, au bout de la cinquième » année, on aurait dépensé les fonds demandés, et les travaux » de toute espèce dont se compose l'enceinte seraient achevés.

» En admettant l'estimation, probablement trop faible, de » 39 millions, présentée pour le système des forts, on voit que » si les Chambres votaient aussi 5 millions par an, la ceinture » de forts ne pourrait être achevée qu'au bout de huit ans, » c'est-à-dire trois ans plus tard que l'enceinte.

» Mais de quelque manière qu'on coordonne l'exécution des » forts, ils ne présenteraient les moyens de défense qu'en at- » tendent leurs partisans, qu'autant qu'ils seraient tous exé- » cutés : en effet, qu'un seul vînt à manquer, la ceinture serait » ouverte sur une lieue d'étendue.

» Ainsi, en considérant les deux systèmes sous le rapport de » la dépense et de la durée de l'exécution, et sous celui des » servitudes et des gènes qui en résulteraient pour la propriété, » l'enceinte aurait des avantages incontestables sur les forts dé- » tachés.

» Il est encore d'autres considérations sous lesquelles on » peut envisager les deux systèmes. Par exemple, on reproche » à l'enceinte des inconvéniens que n'auraient pas les forts. » L'un des plus répandus serait de gêner la population et d'im- » poser des bornes à son accroissement. Voici ce que nous ré- » pondrons.

» Rien n'empêcherait de faire à l'enceinte autant de portes » que l'administration de la ville pourrait le désirer, rien ne » bornerait la largeur de ces portes ; et, comme elles ne seraient » précédées d'aucun ouvrage extérieur, pas même d'un chemin » couvert, et qu'il serait sans conséquence de tenir en temps » de paix le fossé comblé vis-à-vis ces portes, les entrées et les » sorties seraient aussi libres que par les barrières actuelles.

» Aucune raison n'obligerait de faire aux portes de Paris en » temps de paix, un service autre que celui des barrières ac- » tuelles; car les frontières sont assez éloignées pour dispenser » de tout service de guerre, et ce n'est pas pour se former aux » détails de ce service que les troupes sont à Paris.

» Enfin, d'après un relevé statistique fait avec soin, l'espace » renfermé par l'enceinte suffirait pour que la population, sans » être plus resserrée qu'elle ne l'est actuellement, pût s'élever » à 2,500,000 ames. Certes, si cela était possible, il s'écoulerait » bien des années avant que la population atteignît ce chiffre, » ce qui n'est peut-être pas à désirer. D'ailleurs, dans le sys- » tème des forts, en admettant, comme nous l'avons fait, que » les servitudes dussent porter sur les zones et sur les inter-

» valles qui les séparent, il ne resterait pas pour les construc-
» tions nouvelles plus de terrains libres que dans l'enceinte. »

. . . .

« Les détracteurs de l'enceinte mettent souvent en avant cet » argument proverbial de *ligne forcée, ligne perdue.* Ils en » déduisent que, si l'ennemi pénétrait sur un point de l'en- » ceinte, toute défense deviendrait inutile. Ils ne disent pas, il » est vrai, comment l'ennemi pourrait forcer un revêtement de » trente pieds sur un point, car alors tomberait tout ce que » cette opinion, basée sur un dicton mal appliqué, a de faux et » de spécieux.

» Une enceinte bastionnée revêtue n'a rien de commun » avec une ligne formée soit par des retranchemens de cam- » pagne continus, soit par des ouvrages détachés en terre ou » revêtus. Une ligne n'offre que des obstacles qu'on franchit » par une attaque vigoureuse, et après laquelle l'armée victo- » rieuse ne serait nullement gênée pour ses moyens de retraite, » car si elle éprouvait des revers au-delà de la ligne qu'elle a » forcée, elle pourrait, avec un travail de quelques minutes, » s'ouvrir des passages à travers un profil de campagne, ou » se retirer dans les intervalles ouverts. Il n'en serait pas ainsi » dans une enceinte continue, où l'on ne pourrait arriver de » l'extérieur à l'intérieur et réciproquement, que par des » portes et des échelles. C'est donc au système de forts détachés » avec ses intervalles ouverts, que l'argument de *ligne f rcée,* » *ligne perdue*, est véritablement applicable.

» L'enceinte, dit-on, se prêterait moins bien que les forts » aux mouvemens des grandes sorties. Il ne faut que jeter les » yeux sur les plans des deux systèmes, pour voir que cet avan- » tage des forts serait tout-à-fait illusoire.

» Ils offriraient, il est vrai, de vastes intervalles par lesquels » on pourrait sortir librement. Mais, par ces intervalles, l'en- » nemi verrait former et marcher les colonnes, que les forts » protégeraient bien faiblement, à cause de leur éloignement » et du peu de coups qu'ils fourniraient dans une même di- » rection.

» Dans l'enceinte, les troupes qu'on destinerait à faire des

» sorties se formeraient dans les fossés, comme dans un vaste » chemin couvert. Elles seraient toujours protégées dans leur » marche par les feux nombreux des fronts collatéraux. Si » elles étaient repoussées, elles se retireraient sous cette vigou- » reuse protection, et se jetteraient dans les fossés, où elles » disparaîtraient aux yeux de l'ennemi. De là, elles rentreraient » dans l'enceinte en s'écoulant par la droite et par la gauche, » jusqu'aux portes ou poternes qui seraient hors des vues et » des atteintes de l'ennemi. »

. . . .

Nous n'ajouterons à ce que dit le général Valazé qu'une seule réflexion : le gouvernement, dans les éclaircissemens joints à son projet, a fait entrer en ligne de raisonnement les dangers que pouvait faire courir à la défense militaire l'union des soldats et de la population dans le système d'une enceinte continue ; le général Valazé a vigoureusement réfuté cette absurde et injuste supposition : « Le reproche de ne point isoler les troupes » de la population mérite à peine d'être ré- » futé, dit-il ; il ne s'agit pas ici d'une place » étrangère occupée par une armée française, » il s'agit de la population la plus patriote qui » existe, et qui a bien prouvé son dévoue- » ment en 1814 et 1815 (le général Valazé

» aurait pu dire et de 89 à 94, mais il n'a pas » non plus ce sentiment); toute idée de tra- » hison de la part de cette population paraît » inadmissible. Il n'en est pas de même d'un » gouvernement qui peut céder à des moyens » de séduction. Dans un système de forts dé- » tachés, il existerait autant de commandans » que d'ouvrages, et si un seul venait à fai- » blir, l'ennemi n'aurait plus rien à craindre » du reste du système. »

Quant à nous, nous nous bornerons à constater cette absence de toute espèce de sentiment populaire d'un gouvernement qui s'est servi du peuple comme marchepied pour arriver où il est; oui, il craint le peuple, et il hait le peuple, car l'égoïsme ne connaît que deux sentimens, la haine de ce qu'on craint, la crainte de ce qu'on hait; et ce sentiment explique, à lui seul, comment entre des hommes de métier, et sur une question de métier, il peut y avoir une si immense dissidence : c'est que le technique est dominé par un sentiment, et que, selon l'impulsion de ce

» l'armée assiégeante, et jamais une place » ainsi défendue ne le sera passablement.... » On ne peut se confier pour la défense d'une » place qu'à l'honneur, et à la discipline mi- » litaire. »

Le même Bousmard s'excuse de ne pas publier son système de fortifications parce que, dit-il, ayant eu, au moment de la publication de cet ouvrage, l'avantage d'être admis au service d'une grande puissance, j'en ai reçu *la défense honorable* de faire paraître cette partie de mon travail. Ainsi ce misérable gardait pour le service de l'ennemi les secrets qu'il avait volés à son pays en désertant.

Voilà comme les hommes qui traitent le peuple de canaille entendent l'honneur !

Assurément nous n'avons pas le dessein d'appliquer ces observations aux auteurs de ce projet, quels qu'ils soient ; nous n'aimons pas à suspecter les intentions ; nous nous bornons à constater un fait, c'est que là où il n'y a pas le sentiment du peuple et de son dévouement, il ne peut y avoir de véritable sentiment national, et, à coup sûr, ce n'est pas notre faute si le seul auteur de fortification, où le projet rencontre un appui, est un Bousmard !

CHAPITRE VIII.

DU SYSTÈME DE DÉFENSE QUI CONVIENT LE MIEUX A PARIS (1).

Nous conclurons de tout ce qui précède que, s'il est de la plus haute importance de

(1) Tout ce qui termine le chapitre précédent eût dû entrer dans la composition de celui-ci ; mais la nécessité de ne pas scinder l'œuvre du général Valazé, nous a obligé de laisser réunies la partie qui traite de la construction de l'enceinte continue, et celle qui a pour objet la critique du projet des forts détachés.

mettre Paris en état de défense ; le projet du gouvernement ne renferme aucune des conditions nécessaires à la solution de ce problème, qui intéresse à un si haut degré la sûreté nationale. Nous en avons examiné les défauts sans esprit de parti, et nous avons tiré de cet examen l'intime conviction que le dispositif de défense indiqué par ce projet n'aurait d'autre résultat qu'une dépense considérable et sans effet.

Mais le plus grand défaut de ce projet, c'est d'abord de donner une fausse solution du problème, et ensuite d'éloigner cette solution ; en effet, il y a dans un grand nombre d'esprits une telle tiédeur, que l'opinion peut bien avoir quelquefois le pouvoir d'empêcher le gouvernement de faire quelque chose, mais qu'elle ne déploie jamais assez de vigueur et d'insistance pour forcer le gouvernement à faire ce qu'exige le bien du pays.

Ainsi les critiques que, de toutes parts, ont soulevé le projet, auront peut-être pour résultat de l'anéantir, mais non de le changer.

Ce que nous avons essayé dans ce livre,

c'est, au contraire, de faire voir que le projet du gouvernement étant mauvais, le devoir de tout bon citoyen est de contribuer de tous ses efforts à faire sentir la nécessité d'en proposer et d'en exécuter un autre.

Une enceinte continue nous paraît être le dispositif le mieux entendu pour assurer la défense de Paris, et nous demanderons à tout homme de bonne foi d'examiner les assertions que nous croyons pouvoir présenter à cet égard (1).

(1) Nous croyons superflu de discuter, sous le point de vue technique, le système proposé par le général Valazé; ce système est le fruit d'une longue expérience, et a été formulé dans un projet détaillé et présenté au ministre. Il peut être susceptible de perfectionnemens et de modifications de détail; c'est là justement l'affaire des hommes du métier, et, une fois le principe adopté, nous ne doutons pas que l'élaboration du plan qui en est l'application, ne lui donnât toute la perfection désirable. Mais lorsqu'un officier général du Génie, d'un mérite aussi réel et aussi constaté que celui du général Valazé, se présente avec un projet complet et qui remplira les conditions du principe qu'on adopte, il y aurait orgueil et témérité à chercher à atténuer le mérite de l'ensemble par des observations et des critiques de détail.

Paris est destiné, en tout état de cause, à avoir une enceinte. Les partisans d'une enceinte bastionnée ne sont divisés d'opinions, à cet égard, avec le gouvernement, que parce que ce dernier persiste à conserver et à perfectionner l'enceinte actuelle, tandis que les autres assurent qu'il est préférable d'en construire une nouvelle qui réunisse à la fois les conditions d'une bonne défense, et constate le fait actuel de l'agrandissement de Paris : en soutenant cette opinion, ils ne font que suivre l'observation des faits; ainsi qu'il est facile de le constater par l'histoire.

Les partisans du projet du gouvernement, au contraire, nient le fait de l'agrandissement progressif de Paris, et persistent à conserver, en arrière de son périmètre réel, un périmètre fictif, qui est séparé du premier par une zone de 1,500 à 2,000 mètres de largeur. C'est cette zone, qui appartient réellement à Paris, qu'il s'agit d'y inscrire administrativement et militairement.

Telle est la question dans toute sa simplicité.

Le gouvernement, sans nier positivement cette vérité, persiste à conserver le périmètre fictif, en consacrant à son amélioration un travail inutile, et veut, en outre, occuper le périmètre extérieur de la zone extrême de Paris, par un système d'ouvrages qui ne la couvre pas complétement. Ce sont donc deux ouvrages pour un, dont l'un est complétement inutile, tandis que les partisans de l'enceinte nouvelle ne veulent qu'un travail vraiment utile, administrativement et militairement.

Examiné sous le point de vue de la législation des fortifications, le projet du gouvernement présente encore cette double anomalie.

Ainsi les partisans des forts détachés établissent que leur défense définitive sera complétée par des courtines passagères et par le mur d'octroi en arrière. En réalité, voilà donc l'espace entier entre le mur d'octroi et les forts, avec une servitude de 250 mètres au-delà, transformé en une zone militaire de 1,500 à 3,500 mètres de largeur.

Ce raisonnement est de la rigueur la plus absolue en cas d'attaque; or, les servitudes

des fortifications n'ayant d'autre but que la prévision de l'attaque, il est évident que ce raisonnement est applicable au présent, ou que la défense à venir n'est pas assurée.

Eh bien! l'établissement d'une enceinte bastionnée n'a pas d'autre but que d'assurer actuellement la résistance; et la servitude de cette enceinte ne s'étend que sur une zone qui se compose d'un espace de 50 mètres pour la construction des bastions, de 10 mètres en arrière pour la circulation de la défense, et de 250 mètres en avant pour la servitude; total: 310 mètres de largeur sur un développement de 38,000 mètres.

Or, aujourd'hui l'état des choses est:

1° Un mur d'octroi avec un chemin de ronde en arrière et un boulevard en avant, c'est-à-dire une largeur de 60 mètres sur un développement de 20,000;

2° Une zone de 1,500 à 3,500 mètres de largeur en avant, séparant les forts du mur d'octroi;

3° Une ceinture de forts formant une zone

de servitude de 38,000 mètres de développement et de 1,000 mètres de largeur; que si l'on abandonne la servitude en temps de paix, ce qui la rend nulle en temps de guerre, le terrain employé à des constructions militaires occuperait encore la zone entière du mur d'octroi et des boulevards, et les quinze terrains consacrés aux quinze forts, tandis que dans l'hypothèse de l'enceinte bastionnée, on n'a qu'une seule zone militaire, et on abat le mur d'octroi devenu aujourd'hui fort nuisible au commerce, et dépassé de beaucoup par les constructions faites depuis cinquante ans, et on livre à l'industrie un espace considérable et d'un grand prix.

L'ancien mur d'octroi serait remplacé à 2,000 mètres en avant par l'enceinte bastionnée, qui n'occuperait en fortifications qu'un espace de 60 mètres de largeur, avec une zone de servitude de 250 mètres qu'on pourrait planter de manière à offrir aux habitans une promenade charmante sur tous les points de la circonférence de la ville. Cette enceinte enfermerait les faubourgs de Passy, des Thernes, de Monceaux, des Batignolles, de Montmartre, de Clignancourt, La Chapelle, la Villette, Belleville, Ménil-Montant, Charonne et Bercy, sur la rive droite; de Vaugirard, du petit Montrouge, du petit Gentilly et d'Austerlitz, sur la rive gauche. Elle rattacherait ainsi à la population de Paris une population qui lui appartient, et augmenterait ainsi considérablement le produit des octrois, ou plutôt permettrait d'en baisser le prix sans en diminuer le revenu. Elle enfermerait une grande quantité de terrains dont la valeur augmenterait beaucoup, et pourrait permettre l'établissement de bien des industries utiles. Elle mettrait Paris autant à l'abri du bombardement que la ceinture des forts, puisqu'elle serait construite sur le même terrain; et enfin elle donnerait un appui immense au camp retranché, qui, placé en avant de ses murailles, permettrait de faire soutenir les troupes destinées à le défendre par toutes celles que la défense de la ville, rendue plus facile, laisserait disponibles: elle donnerait aux habitans de Paris, qui, tous les jours, auraient sous les yeux le spectacle imposant des remparts qui couvrent leur ville, une grande confiance dans sa défense; et par suite elle permettrait aux généraux chargés de la défense nationale en cas de guerre d'invasion, de manœuvrer excentriquement sur les flancs des colonnes de l'ennemi convergeant vers Paris; alors *on pourrait impunément faire des fautes sur les frontières, et les résultats de la trahison pourraient être neutralisés*.

Nous désirerions faire passer nos convictions dans l'esprit de nos lecteurs; mais nous espérons au moins leur donner le désir de s'occuper vivement de cette question, et c'est pour cela que nous ne nous sommes pas bornés à la traiter sous le point de vue militaire, mais que nous avons essayé de la considérer sous le point de vue politique et philosophique. Nous terminerons par cette citation de Hobbes (chap. 13):

« Ne tracer de fortifications qu'après l'invasion de l'ennemi, c'est faire comme ces

» paysans dont parle Démosthène, qui, igno-
» rans de l'escrime, ne portent le bouclier
» qu'aux endroits où quelque blessure les aver-
» tit qu'il eût fallu le mettre. »

CONCLUSION.

L'existence d'un système politique commun entre plusieurs nations suppose un droit public consenti par toutes, et qui ait pour principe commun le droit politique qui fait la base de l'existence sociale de chacune d'elles.

L'Europe a été liée successivement par la reconnaissance du droit public religieux et du droit public monarchique, qui ont fait la base des relations entre les états, et par conséquent du droit de guerre et de paix.

La France, par la révolution de 1793 et par

celle de 1830, qui en a été le corollaire, a détruit le droit public existant, en adoptant un principe politique absolument contraire à celui sur lequel repose l'existence de tous les autres états européens.

Dès lors, il n'existe plus entre la France et les souverains étrangers d'autre droit de paix et de guerre que celui de la force; et la France, isolée par son principe qui fait appel à la souveraineté des peuples, a contre elle les souverains; car ses seuls alliés sont les peuples, et les peuples servent d'instrumens aux princes pour repousser le principe qui les menace.

Dans de telles circonstances, toute question de guerre devient nécessairement une question de principes, car une guerre de territoire ne peut exister entre deux nations que lorsqu'un droit public commun règle l'exercice de la force, et la borne au point en litige.

Or, une guerre de territoire ayant pour but le point ou la province menacée, cette guerre peut avoir lieu sur la frontière, et se borner à l'occupation de ce point ou de cette province; la diplomatie, ayant le même but, peut également ne pas le dépasser; et c'est ainsi que les questions de paix ou de guerre entre les nations qui reconnaissent un droit public commun, sont nécessairement bornées par l'objet même qu'elles ont en vue. Mais entre nations qui ont un droit public différent ou opposé, il n'y a d'autre droit que celui de la force, d'autre limite que l'intérêt de l'acte militaire lui-même, et l'influence de l'acte moral qui le domine; et dès-lors toute question de paix ou de guerre devient, par son développement nécessaire, une question de principe.

Or, la guerre de principe s'adresse inévitablement au foyer du principe lui-même, c'est-à-dire à la capitale, qui renferme presque toujours le noyau de toutes les facultés morales et matérielles qui ont donné une expression et une force à ce principe.

Toute guerre de principe est donc une guerre d'invasion qui menace directement la capitale.

La capitale, but de l'attaque, est en même temps le foyer le plus actif de la résistance, puisque les mêmes facultés qui ont donné naissance au principe menacé, s'y trouvent encore réunies pour faire appel à ce principe et diriger tous les dévouemens dont il est la base.

La prévoyance de la défense nationale exige donc que la capitale soit préparée d'avance comme un foyer de résistance morale et matérielle, en vertu de cette loi de convergence et de divergence des efforts individuels, qui domine et détermine l'unité sans laquelle il n'y a pas de résistance possible.

La France pour Paris, Paris pour la France, prouvent la vérité de ces principes.

C'est à Paris qu'est venu se refondre et se reconstituer l'unité nationale dans toutes les phases de son développement social.

C'est à Paris que l'unité et la volonté nationales ont toujours été énergiquement défendues, soit moralement, soit matériellement.

Pendant la révolution, la résistance nationale, moralement organisée à Paris, a garanti le sol de la France de deux invasions terribles, celles de 1792 et de 1795.

En 1814 et 1815, le principe moral de la résistance nationale, abandonné par le gouvernement, n'a pas permis de défendre le centre de l'unité sociale, et, malgré une résistance matérielle très-vigoureuse, l'absence de toute résistance morale a permis le succès des deux invasions.

Il faut donc, pour assurer d'avance une résistance efficace,

1° Que le principe moral de la résistance soit la base du salut public, et soit établi à Paris de manière à y diriger le dévouement national, et à en recevoir et organiser les élémens, pour donner les moyens d'action les plus efficaces à l'élément mobile de défense, l'armée.

2° Que l'action de l'armée puisse être combinée, de manière à menacer l'ennemi dans sa marche sur le but de l'invasion, de manière à ne pas avoir à craindre pour ce point, pendant les opérations excentriques que cette défense exige.

La conclusion directe de ces deux principes est que le point central de l'organisation de la défense nationale doit être couvert par l'élément immobile de défense, la fortification.

Cette fortification doit être proportionnée à l'importance de l'objet qu'elle est destinée à remplir. Or, ce but étant le plus important de tous, puisque c'est la conservation de l'existence nationale, la fortification destinée à couvrir Paris doit donc être la meilleure que la science indique.

Nous avons vu que le système des forts détachés est de tous les dispositifs de défense, celui que la science reconnaît comme le plus mauvais, et qu'au contraire celui qu'elle indique comme le plus parfait, est une enceinte continue. Le choix ne saurait donc être douteux, et notre conclusion générale est :

1° Que Paris doit être fortifié ;

2° Que Paris doit être entouré d'une enceinte continue, à fronts bastionnés, avec une escarpe revêtue, et un fossé large et profond, et que cette enceinte doit être tracée en dehors des constructions existantes autour de cette ville ;

3° Que le camp retranché actuellement existant doit être conservé et renforcé par des travaux exécutés aux extrémités de la position, et surtout à Saint-Denis ;

4° Que Saint-Denis doit devenir une place de dépôt où soient, autant que possible, concentrés les établissemens militaires qui sont à la frontière, tels que fonderies, arsenaux, etc. (1).

(1) Le temps et la place nous manquent pour tout dire ; l'emplacement de nos établissemens militaires dans un système défensif bien combiné est une question de premier ordre, qui mériterait d'être traitée dans le plus grand détail. M. le capitaine d'artillerie, Madelaine, l'a traitée en partie, sous le point de vue que nous indiquons ici ; nous ne pouvons que renvoyer les lecteurs à son ouvrage intitulé : *Des avantages que le gouvernement trouverait à former dans Paris un établissement pour le matériel de la guerre.*

Quant à l'absurdité d'avoir tous ses établissemens militaires sur la frontière, tout a été dit déjà, mais rien n'a été fait : la Commission de défense avait signalé, dès 1819, la nécessité d'un changement de système à cet égard ; elle n'a point été écoutée. En

1830, le colonel Paixhans n'a pas été plus heureux ; il s'exprimait ainsi, dans son ouvrage sur les forces militaires de la France : « Le grand établissement militaire, le grand magasin, » le grand arsenal de la France, c'est Paris. Aucun lieu, excepté » Tours, n'est situé en France de manière à mieux conve- » nir à la centralisation des établissemens militaires.

NOTES

ET ÉCLAIRCISSEMENS.

MÉMOIRE

ADRESSÉ

AU COMITÉ DE DÉFENSE GÉNÉRALE,

Le janvier 1793.

La Convention nationale a trouvé la France en guerre avec l'Autriche et la Prusse. Depuis son installation, le 21 septembre 1792, on a attaqué le roi de Sardaigne; on se propose incessamment de déclarer la guerre à l'Angleterre, aux Provinces-Unies, à l'Espagne. Le corps Germanique, influencé par l'empereur, arme contre la France, qui doit considérer comme ennemies toutes ces puissances : elles mettent sur pied environ 750,000 hommes, dont on peut supposer que la moitié environ agira contre la république. Leurs armées seront vraisemblablement divisées en sept armées principales, ainsi disposées :

1° Anglais, Prussiens, Hollandais ; dans la Flandre maritime..	30,000
2° Autrichiens ; Belgique ou Brabant.	55,000
3° Autrichiens et électorat ; entre Meuse et Moselle.	25,000
4° Prussiens, Hessois, Électorat ; à Mayence et environs.	70,000
5° Autrichiens, troupes d'empire ; en Brisgau et sur le Rhin.	30,000
6° Autrichiens et Piémontais ; en Italie.	50,000
7° Espagnols ; dans les Pyrénées.	40,000
Total.	300,000

Pour résister à ces troupes, la France n'en a environ que 225,000, en attendant une augmentation, après laquelle elles devront être ainsi disposées :

Sur le Rhin, *garnison comprise*.		90,000	dont	13,500 cav.
Sur la Moselle, *idem*.		40,000	—	5,000
Sur la Meuse, *idem*.		30,000	—	1,000
Armée du Nord.	104,000	119,000	—	7,000
Garnisons des places..	15,000			
En Italie, sur le Var.	20,000	45,000	—	1,500
— sur les Alpes.	25,000			
Aux Pyrénées.		30,000	—	1,000
Sur les côtes et à l'intérieur.		20,000	—	2,000
Totaux.		334,000	dont	31,000 cav.

Pour obtenir ces forces, il faut fondre 110,000 recrues dans le total existant; ce qui est trop, et peut énerver la masse. Il faudra que le défaut d'expérience tant des officiers que des soldats, soit suppléé totalement par leur courage. Les combats, les fatigues, la disette de subsistances, le défaut de campemens, la mauvaise qualité des fournitures, les maladies, et enfin les revers possibles, amèneront une prodigieuse consommation d'hommes; et il est important, pour que la France obtienne des succès durables, qu'elle prenne ses mesures d'avance pour n'être pas obligée plus tard de former des armées nouvelles au commencement de chaque campagne.

On pense donc qu'une sage prévoyance exige de procéder à une levée extraordinaire d'hommes, qui double à peu près tant les forces existantes aux armées que celles extraordinaires qu'on se propose d'y envoyer, afin de subvenir sans embarras aux pertes probables, et de suppléer autant que possible à l'art par le nombre. Le moyen le plus simple d'atteindre ce but est de faire une guerre de masses; c'est-à-dire de diriger toujours sur les points d'attaque le plus de troupes et d'artillerie qu'on pourra; d'exiger que les généraux soient constamment à la tête des soldats, pour leur donner l'exemple du dévouement et du courage, et d'habituer les uns et les autres à ne jamais calculer le nombre des ennemis; mais à se jeter brusquement dessus à coups de baïonnette, sans songer ni à tirailler, ni à faire des manœuvres auxquelles les troupes françaises actuelles ne sont nullement exercées, ni même préparées. Cette manière de combattre, si analogue à l'adresse, au caractère et à l'impétuosité naturels de la nation, ne peut que lui donner la victoire, en déroutant les armées étrangères.

Ce Mémoire, qui fut remis par le général Grimoard à Dubois de Crancé, et qui a fait, ainsi qu'on peut le voir par l'histoire, la base de l'organisation des armées républicaines, est fort remarquable en ce sens qu'il indique une haute prévision des nécessités militaires d'une révolution. Les mêmes circonstances amèneront les mêmes résultats, mais avec des combinaisons différentes; ainsi les prévisions actuelles de la guerre que la révolution française aurait à subir, présenteraient les résultats suivans :

1° Prussiens, Hollandais, entre le Rhin et la mer.	250,000
2° Russes, sur le Rhin.	170,000
3° Bavarois et troupes de la Confédération, *idem*.	80,000
4° Autrichiens, de Bâle à Genève. . .	100,000
5° Autrichiens et Piémontais, sur le Var et l'Isère.	150,000
6° Espagnols.	Mémoire.
7° Réserve de ces nations.	250,000
Total.	1,000,000

Les nécessités de la défense exigeraient que la France eût à opposer à ces forces :

Forces actives.	500,000
Gardes nationales mobiles dans les places et en corps d'observation.	300,000
Réserve disponible dans l'année. . . .	200,000
Total.	1,000,000

INFLUENCE

DE L'EMPLACEMENT ET DE LA POPULATION

DES CAPITALES,

CONSIDÉRÉS SOUS LE RAPPORT MILITAIRE;

PAR LE LIEUTENANT-GÉNÉRAL COMTE LAMARQUE.

L'emplacement et la population d'une capitale décident du sort d'une nation.

Quand Pierre Ier fonda Pétersbourg, la Russie cessa d'être une puissance asiatique; l'Ingrie, la Livonie, la Courlande furent enchaînées par une irrésistible attraction; Wilna, Varsovie, Posen, entendirent le bruit des fers qu'on leur préparait, et l'Oder dut s'attendre à voir sur ses rives les Cosaques du Don.

Si, au lieu d'établir leur capitale dans la Castille neuve, les Espagnols l'eussent portée à Séville, qui la réclama long-temps, ou à Cadix, position facile à rendre inexpugnable, un lien plus fort et plus durable aurait attaché les colonies à la métropole, et une grande partie de l'Afrique eût reconnu ses lois. L'emplacement de Madrid, qui n'est ni agricole, ni commerçant, ni centre de population, ni foyer de lumières, est la cause qu'il n'y a pas d'Espagnols en Espagne, mais seulement des Andalous, des Catalans, des Aragonais, etc.

L'emplacement de Paris fait peser la France vers le Nord; et malgré des limites artificielles, malgré les boulevards menaçans que fait élever à grands frais la prévoyance haineuse de notre antique rivale, il doit nous ramener un jour à nos frontières naturelles. Cette tendance se faisait déjà sentir sous Henri IV et sous Louis XIII, et la politique de Richelieu, de Mazarin la secondait.

Si, avant cette époque, la France n'avait pas cherché à s'étendre dans cette direction, c'est que l'influence de Paris n'était pas aussi puissante, et qu'alors nous n'étions pas un corps de nation. Combien de temps n'a-t-il pas fallu pour rattacher au tronc les membres épars, pour arracher aux Anglais le Limousin, le Poitou et la Guyenne? Nos neveux verront s'accomplir ce qu'envain nous avons tenté. Pour nous réduire à la France de Charles VII, comme quelques diplomates en avaient, dit-on, le projet, il fallait reporter notre capitale à Bourges ou à Chinon.

L'Italie demeurera morcelée et la proie des étrangers, tant qu'une capitale unique n'en formera pas un corps de nation : mais où l'établir? est-ce sur l'Adriatique? est-ce dans le golfe de la Spezzia, là ou Bonaparte voulait fonder de grands établissemens? Comment décider Milan, Turin, Rome, Naples, à reconnaître la supériorité d'une autre ville? Cette rivalité, que rien ne pourra éteindre, et à laquelle tout sert d'aliment, est, depuis la destruction de l'empire romain, la principale cause des malheurs de cette belle contrée. Elle avait occasioné autrefois ceux de l'antique Trinacria, de la Sicile, où Messine, qui faisait face à l'Italie, Syracuse à la Grèce, et Lilybée à l'Afrique, se disputaient la prééminence. Les Rhodiens furent plus sages quand, abandonnant Lurde, Comire et Iabyse, ils chargèrent l'architecte Hyppodamus de leur construire une seule capitale placée sur un promontoire qui s'avançait vers l'Orient; elle fit longtemps l'admiration du monde, et Strabon la met au-dessus de Rome, d'Alexandrie et de Memphis : c'est la seule ville, dit-il, fortifiée comme une citadelle et ornée comme un palais.

L'agrégation forcée qu'a faite l'Angleterre de la Hollande et de la Belgique nécessiterait une nouvelle capitale. Tant que le souverain résidera à La Haie ou Amsterdam, les Belges se croiront conquis par les Hollandais, et rien ne consolera leur amour-propre. Si le roi s'établit à Bruxelles, la Hollande se croira sacrifiée, et l'ancienne haine contre les provinces qui furent plus longtemps fidèles à l'Espagne, haine qu'attisent tant d'intérêts opposés, se réveillera avec fureur. Au lieu de dépenser les fortes contributions imposées à la France à élever des places de guerre, qui, dans le système actuel, ne ferment aucune frontière, le gouvernement des Pays-Bas jetterait peut-être les fondemens d'une puissance plus durable en établissant à Anvers une vaste capitale, qui, liant la Hollande, la Belgique et la Flandre, serait à la fois négociante, industrielle et agricole. C'est alors que l'Escaut, ce fleuve tant redouté par le fameux Chatam, deviendrait le rival de la Tamise, et qu'un nouveau Ruyter pourrait remonter la Medway, et *arborer un balai* au haut de son grand mât.

L'influence d'une grande population réunie, pressée, comprimée, pour ainsi dire, sur un seul point, est plus puissante encore que celle de l'emplacement de la capitale, et c'est à cela, peut-être, plus qu'aux causes indiquées par Montesquieu, que Rome dut ses premiers succès sur les peuples d'Italie, succès plus difficiles à obtenir que ceux qui, plus tard, lui soumirent le monde. Rome était toute dans Rome, et les vaincus qu'on y transplantait venaient augmenter la force des vainqueurs. Les Toscans, au contraire, partagés en douze leucomonies; les Samnites, divisés en trois fédérations, et dispersés dans leurs villages et leurs hameaux, n'avaient pas de capitale unique qui centralisât toutes les forces, et décuplât leur impulsion. La population de Rome s'accrut avec sa puissance; elle ne pouvait fournir sous Romulus qu'une armée de 45,000 hommes, et, lors du cinquième recensement, sous le deuxième consulat de Valérius, il y avait, d'après Fabius Pictor, 130,000 hommes en état de porter les armes, sans y comprendre les esclaves, les manœuvres, et tous ceux qui étaient exempts de service. Cette progression fut toujours en croissant, et malgré l'immense étendue de vingt lieues carrées que Vossius donne à la ville, du temps des empereurs, elle suffisait à peine pour contenir les habitans, car Auguste prescrivit de ne pas élever les maisons au-dessus de 70 pieds. Le dénombrement de l'an de Rome 667, donna 460,000 citoyens, ce qui, en suivant la proportion des esclaves qu'on avait à Athènes, ferait monter la population à huit millions d'habitans.

On conçoit quelle action cette cité puissante devait imprimer au corps social, et combien tout dans l'univers soumis gravitait vers un point où se réglaient les destinées des peuples et des rois, où tous les Dieux réunis appelaient toutes les croyances, où la victoire avait transporté les chefs-d'œuvre de la Grèce, les monumens de l'Égypte et les dépouilles du monde.

Rien dans les temps modernes ne peut se comparer à

Rome ; Cependant Londres, avec ses un million cent mille habitans, sa splendeur, ses richesses, son commerce, doit exercer une bien puissante attraction sur cette gigantesque Angleterre, qui, comme le disait Fox, n'est pas seulement dans son île, mais qui embrasse presque tous les points du globe, asservi par son monopole. En vain une politique étroite s'opposa long-temps à son extension; la force des choses a triomphé des ordonnances d'Élisabeth, de Cromwell, de Charles II, et la richesse et la prospérité des trois royaumes se sont accrues avec elle.

Les mêmes préjugés s'opposèrent dans le dix-septième siècle à l'agrandissement de Paris. Nos rois voyaient avec inquiétude ce qu'ils auraient dû voir avec orgueil et joie; ils croyaient que Paris ne pouvait prospérer qu'en dépeuplant et appauvrissant le reste du royaume. Étrange aveuglement! Tout est contagieux dans le monde. L'opulence fait naître l'opulence, comme la misère engendre la misère. Qu'elle s'agrandisse donc encore cette métropole de la civilisation, des sciences et des beaux-arts; que des routes, des canaux, des besoins réciproques et bien reconnus, établissent une circulation plus prompte du centre aux extrémités; que des pompes aspirantes et refoulantes soient dans un jeu continuel, et rendent la vie de tout le corps social plus active, plus pleine, plus puissante; que la Seine, rendue navigable pour les grands bâtimens, amène dans ses murs le commerce du monde, et bientôt Londres aura une rivale qui lui disputera la prééminence en richesses et en population, bientôt un système colonial plus étendu ne tardera pas à s'établir, et toute la France prendra un nouvel essor, et suivra l'impulsion de sa capitale !

Londres renferme la dixième partie des habitans de la Grande-Bretagne ; Paris, à peine la quarantième de ceux de la France. Ce n'est pas assez ; c'était trop peu surtout quand notre territoire s'étendait de Hambourg à Terracine. Il eût fallu contraindre alors les principaux habitans des pays conquis à porter leurs richesses dans le chef-lieu de l'empire, et à s'y établir.

Nous avions oublié les maximes politiques des peuples dont nous semblions vouloir suivre les traces. Quand les Romains conquéraient un pays, ils s'empressaient de démanteler, d'affaiblir ou d'effacer sa capitale. Le premier acte du sénat, après la prise de Capoue, fut d'ordonner la destruction du palais où s'assemblaient les sénateurs du peuple vaincu. Carthage, Corinthe furent sacrifiées au même principe.

Nos conquêtes ne pouvaient pas durer : jamais il n'y eut de fusion ; mais une agrégation forcée de parties hétérogènes. Le palais Pitti, à Florence, rappelait un grand duc, et celui de Turin semblait attendre le retour d'un roi. Il y a dans ce qui a été une puissance inconme qui asservit l'avenir et qui régit le monde. Les progrès des lumières et de la civilisation s'opposent sans doute à l'emploi des moyens dont les Romains usèrent sans pitié ; mais alors, pourquoi entreprendre des guerres qui ne doivent avoir aucun résultat? pourquoi dépenser tant de trésors? pourquoi répandre tant de sang pour des changemens éphémères qui ne doivent profiter qu'à la vanité du vainqueur?

Les capitales ont joué un grand rôle dans les guerres de la révolution : ces guerres n'avaient plus pour but, comme celles qui les avaient précédées, de venger l'amour-propre d'un monarque, de redresser une frontière ou de s'emparer de quelque ville voisine. Les rois y combattaient pour leur trône, et les nations pour leur existence! Aussi, dans ces luttes à mort, cherchait-on à se frapper au cœur, et à s'emparer du siége même du gouvernement. Cette occupation, où l'on parvenait souvent, après des batailles sanglantes, avait toujours des suites plus ou moins funestes, suivant la position topographique et l'importance des capitales. Ainsi, Vienne, Berlin et Madrid, qui, par leur emplacement et leur faible population, n'exerçaient que peu d'influence, ne décidèrent pas du sort de l'Autriche, de la Prusse, ni de l'Espagne; tandis qu'Amsterdam et Lisbonne, têtes démesurées d'un petit corps, ont soudainement entraîné à leur suite la Hollande et le Portugal.

Les anciennes guerres nous offrent, sous ce rapport, les mêmes résultats que celles dont nous avons été les témoins. En 1672, M. de Rochefort négligea de s'emparer des écluses de Muyden, Amsterdam fut sauvé ; et tous les succès de cette campagne brillante, où les Turenne et les Luxembourg déployèrent tant de talent, n'eurent aucune suite. En 1787, les patriotes commirent la faute de ne pas couper les digues de Harlem; Brunswick, que cette opération facile eût arrêté, s'empara d'Amsterdam, et toute la Hollande suivit le sort d'une capitale qui renfermait plus de 200,000 ames, et payait le tiers des contributions de la république. En Portugal, Junot n'éprouva plus de résistance quand il se fut emparé de Lisbonne; et plus tard, Wellington, réduit à ne défendre qu'un petit espace, autour de ses murailles, parvint à rendre vains les efforts de Ney et de Masséna.

L'occupation de Paris, qui relativement au royaume n'est pas dans la même proportion qu'Amsterdam et Lisbonne, a deux fois décidé, cependant, du sort de la France ; mais il faut plus l'attribuer encore à des causes particulières et momentanées qu'à son importance réelle. Le même malheur n'amènerait pas le même résultat. Le siége du gouvernement, porté au-delà de la Loire, y réunirait tous les Français, et un effort commun chasserait l'ennemi qui aurait osé envahir le palais de nos rois.

Une sage prévoyance ne commande pas moins de fortifier une capitale aussi voisine de la frontière, et où une armée étrangère peut, sans faire un seul siége, parvenir en huit ou dix marches; mais, d'accord sur ce point, on ne l'est pas sur la manière de la défendre : les uns voudraient l'environner au loin d'une ceinture de forts qui arrêtassent long-temps les assaillans; les autres voudraient qu'on élevât autour de son enceinte de formidables boulevards qui nécessiteraient un long siége; il en est enfin qui se bornent à construire sur les hauteurs de Montmartre une vaste citadelle, que les travaux de l'art pourraient parvenir à rendre inexpugnable. On y transporterait, dans les momens de péril, les archives, les trésors de l'État, les chefs-d'œuvre des arts, et au pied de ce capitole, un nouveau Camille pourrait sauver la patrie, et renverser les balances chargées d'une odieuse rançon.

Vauban, dont le génie vaste et fécond lisait si bien dans l'avenir, a laissé dans le volumineux recueil intitulé *ses Oisivetés*, un mémoire intitulé : *De l'importance de Paris à la France, et du soin que l'on doit prendre pour sa conservation*. Ce qu'il craint le plus pour cette grande ville, c'est la bombarderie, et il cherche le moyen de l'empêcher. Il propose en conséquence :

1° De réparer l'ancienne enceinte, et de la flanquer

de bastions et de tours, qu'on espacerait de cent vingt toises.

2° D'en établir une seconde de 1,000 à 1,200 toises de la première, en occupant Belléville, Montmartre, Chaillot, Saint-Victor. Cette enceinte, qui aurait 12 ou 15 lieues de développement, serait bien bastionnée, bien revêtue, aurait un fossé de vingt pieds de profondeur et de douze toises de largeur, et elle traverserait la Seine, afin d'éviter le défaut par lequel Cyrus prit Babylone.

3° Enfin, comme à cette époque, où l'on n'avait pas oublié les troubles de la fronde, on cherchait à contenir les populations, Vauban proposa d'élever deux citadelles, l'une sur la rive droite, l'autre sur la rive gauche de la Seine, au point où elle entre à Paris et où elle en sort.

Les frais de cette grande entreprise, qui exigeaient douze ans de travaux, ne devait se monter qu'à 24 millions, « et de ces 24 millions, il n'en sortira pas une » obole du royaume, disait Vauban : ce sera un argent » remué autour de Paris qui donnera à vivre à quan- » tité de pauvres, et fera que les autres en paieront mieux » la taille. »

Il ne convient pas à mon inexpérience de discuter un plan conçu par le génie du grand homme qui avait conduit cinquante-quatre siéges, et construit ou réparé trois cent trente-trois places de guerre. Bornons-nous donc à dire que, dans tous les temps, les fortifications des capitales ont eu une grande influence ; que les remparts de Constantinople prolongèrent de cent ans l'existence du Bas-Empire ; que, sans la résistance de Vienne, les Turcs, conquérans de l'Asie, auraient peut-être, en 1683 et 1729, étendu sur l'Allemagne entière l'empire du Croissant ; que dans la guerre d'agression de Bonaparte, les mers qui défendaient les approches de Cadix sauvèrent l'Espagne, comme, lors de la ligue de Cambrai, les lagunes qui protègent Venise avaient sauvé cette république.

EXTRAIT

D'UN

MÉMOIRE ÉCRIT, VERS L'AN 1700,

PAR LE MARÉCHAL DE VAUBAN,

SUR L'IMPORTANCE DE FORTIFIER PARIS.

Paris, on ne peut le nier, est à la France ce que la tête est au corps humain : c'est le vrai cœur du royaume, la mère commune des Français et l'abrégé de la France, par qui tous les peuples de ce grand état subsistent et de qui le royaume ne saurait se passer sans décheoir considérablement de sa grandeur.

Elle est très-bien située tant à l'égard de la santé, du commerce et des commodités de la vie que des affaires générales et particulières ; peuplée d'une très-grosse bourgeoisie et d'une infinité d'artisans de toutes espèces, parmi lesquels se trouvent les plus habiles ouvriers du monde en toutes sortes d'arts et de manufactures. Elle est d'ailleurs très-marchande à raison du changement perpétuel des modes, des grandes consommations qui s'y font et du nombre infini de gens de qualité qui la remplissent; c'est la demeure ordinaire de nos rois et de toute la famille royale, des ministres, ducs, pairs, maréchaux de France, des ambassadeurs des rois : le rendez-vous de toute la noblesse, des gens de guerre et de savoir de toute espèce, même des étrangers qui s'y rendent en foule de toutes parts et de tous pays.

Son peuple est nombreux et naturellement bon; et comme elle est fort riche, contenant en soi plus de la moitié des richesses du royaume, il est à présumer, tant qu'elle subsistera dans la splendeur où elle est, qu'il n'arrivera rien de si fâcheux au royaume dont il ne puisse se relever par les puissans secours qu'elle pourra lui donner : considération très-juste et qui fait qu'on ne peut trop avoir d'égards pour elle ni trop prendre de précautions pour la conserver, d'autant plus que, si l'ennemi avait forcé nos frontières, battu et dissipé nos armées, et enfin pénétré le dedans du royaume (ce qui est très-difficile, je l'avoue, mais non pas impossible), il ne faut pas douter qu'il ne fît tous ses efforts pour se rendre maître de cette capitale, ou du moins la ruiner de fond en comble, ce qui serait peut-être moins difficile présentement (sa clôture étant rompue et ses fossés comblés) (1), que l'usage des bombes s'est rendu si familier et si terrible dans ces derniers temps, qu'on peut le considérer comme un moyen très-sûr pour la réduire à tout ce que l'ennemi voudra avec une armée médiocre, car il n'y a point de ville en Europe où l'effet des bombes soit plus à craindre qu'à Paris, toutes les fois que l'ennemi se pourra mettre à portée d'y en jeter.

Or, il est très-visible que ce malheur serait un des plus grands qui pût jamais arriver à ce royaume, et que, quelque chose que l'on pût faire pour le rétablir, il ne s'en relèverait de long-temps, et peut-être jamais; car on n'a guère vu la perte d'une ville capitale, sans qu'elle ait été suivie de celle de l'État. C'est pourquoi il serait à mon avis de la prudence du roi d'y pourvoir de bonne heure, et de prendre des précautions qui pourraient la mettre à couvert d'une si épouvantable chute.

J'avoue que le zèle de la patrie et la forte inclination que j'ai eue toute la vie pour le service du roi et le bien de l'État m'y a fait souvent songer; mais il ne m'a point paru de jour propre à faire de pareilles ouvertures par le grand nombre d'ouvrages plus pressés qui ont occupé le roi, tant sur la frontière qui a toujours remué depuis

(1) Il parle de l'enceinte d'alors, qui forme aujourd'hui les boulevards entre la porte Saint-Antoine et la porte Saint-Honoré.

vingt-deux ans que par les bâtimens royaux qu'il a fait faire, et par le peu de disposition où il m'a paru que l'esprit de son conseil était pour une entreprise de cette nature, qui, sans doute, aurait semblé à plusieurs contraire au repos de l'État, et à tous d'une très-longue et difficile exécution, quoique le roi ait entrepris et fait des choses qui la surpassent très-considérablement; joint que la prospérité de la France depuis vingt-cinq à trente ans avait si fort éloigné toutes les réflexions qui auraient pu donner des vues de ce côté-là, qu'il n'y avait nulle apparence de croire qu'une telle proposition dût être écoutée : cependant cette pensée, qui dans le commencement ne m'a passé que fort légèrement dans l'esprit, s'y est présentée si souvent qu'à la fin elle y a fait impression, et m'a paru digne d'une très-sérieuse attention; mais, n'osant la proposer à cause de sa nouveauté, j'ai cru du moins la devoir écrire, espérant qu'il se trouvera un jour quelque personne autorisée qui, lisant ce mémoire, y pourra faire réflexion, et que, poussé par la tendresse naturelle que tout homme de bien doit avoir pour sa patrie, il en parlera, et peut-être en proposera-t-il l'exécution, qui, bien que difficile et de grande dépense, ne serait nullement impossible étant bien conduite.

Après y avoir donc pensé, et cherché tous les moyens à tenir pour pouvoir mettre cette grande ville dans une sûreté parfaite contre tous les accidens de guerre qui pourraient la menacer, je n'ai trouvé que l'expédient qui suit, de bien raisonnable : il est simple et fort cher à la vérité ; mais très-assuré, ainsi qu'on le verra ci-après ; sur quoi il est à remarquer : Premièrement que je n'ai nul égard aux surprises ni aux intelligences particulières, cette ville étant trop peuplée pour que l'on puisse rien entreprendre contre elle sans faire de gros mouvemens de troupes qui découvriraient tout, joint que ce que j'ai à proposer est directement opposé à toutes les mauvaises subtilités que l'on pourrait mettre en pratique à cet égard ; et secondement, que je ne prétends mettre en avant que ce qui est nécessaire pour la bombarderie, les siéges réglés, et les blocus, qui sont les seuls moyens qui paraissent capables de la pouvoir réduire. Venons au fait.

Vauban commence par indiquer les réparations à faire à l'enceinte d'alors, qui est celle des boulevards actuels : nous passons ce qu'il en dit comme étant aujourd'hui sans intérêt, puisque cette enceinte n'existe plus. Il reprend :

IV. Cette première enceinte étant mise à sa perfection, en faire une seconde à la très-grande portée du canon de la première, c'est-à-dire à mille ou douze cents toises de distance, occupant toutes les hauteurs convenables, ou qui peuvent avoir commandement sur la ville, comme celles de Belleville, de Montmartre, Chaillot, faubourg Saint-Jacques, Saint-Victor, et toutes les autres qui pourraient lui convenir.

V. Bastionner ladite enceinte, la très-bien revêtir (sur trente-six à quarante pieds de hauteur au-dessus du fond du fossé) la terrasser et lui faire un fossé de dix-huit à vingt pieds de profondeur sur dix ou douze toises de largeur, revêtu de maçonnerie.

VI. Faire toutes les portes, etc.

VII...... On pourrait après planter tout le terre-plain et les talus des remparts d'ormes, et d'autres bois particulièrement destinés aux besoins de cette fortification, sans jamais permettre qu'il en fût coupé pour autre usage que pour le canon, les palissades, les fascines.

VIII. Prolonger ladite enceinte et la continuer en travers de la rivière, comme la première, afin d'éviter le défaut par lequel Cyrus prit Babylone.

IX. Et parce qu'une ville de la grandeur de Paris, fortifiée de cette façon, pourrait devenir formidable, même à son maître, s'il n'y était pourvu, faire deux citadelles à cinq bastions chacune..... *Nous passons ce qu'il dit des citadelles, vu qu'il ne peut en être question aujourd'hui.*

X. Mais, comme ce ne serait pas suffisamment pourvoir à la sûreté de cette grande ville, que d'y faire beaucoup de fortifications, sans la garnir en même temps des munitions de guerre et de bouche nécessaires, il y faudrait bâtir des magasins à poudre capables d'en contenir au moins dix-huit cents milliers ou deux millions ; des arsenaux pour toutes les autres sortes de munitions de guerre nécessaires, et des caves et magasins à blé en suffisante quantité ; ces derniers pour pouvoir contenir deux millions et plus de setiers de blé, des légumes et des avoines à proportion ; ce qui se pourrait facilement faire peu à peu, en prenant le temps que les blés sont à bon marché.

XI. Ces précautions seraient d'autant plus utiles que, dans les chères années, le peuple à qui on pourrait vendre ces grains à un prix modique s'en trouverait soulagé, et qu'aux environs de Paris, à quarante lieues à la ronde, et le long des rivières navigables, les blés s'y vendraient toujours à un prix raisonnable dans le temps que la grande abondance les fait donner à vil prix, à cause des remplacemens à faire dans les magasins ; ainsi les fermiers seraient mieux en état de payer leurs maîtres, qui perdraient moins sur leurs fermes, et le pauvre peuple serait toujours soulagé dans ses misères. J'ai dit deux millions de setiers de blé et plus, parce que je suppose que, dans un temps de siége, la bourgeoisie de Paris, jointe à ceux qui s'y réfugieraient des environs, et aux troupes renfermées entre la première et la seconde enceinte, pourraient bien faire le nombre de sept à huit cent mille ames, auquel cas il leur faudrait pour une année, aux environs de deux millions cent mille setiers de blé; parce que chaque personne en consommerait près de trois setiers par an pour sa nourriture. Outre cette quantité dont il est bon d'être assuré, on pourrait faire publier par une ordonnance que, quiconque voudrait se réfugier à Paris, eût à y apporter une certaine quantité de grains et d'avoines, et toutes les autres victuailles qui pourraient tomber sous la main. Y faire amas de tous les bœufs, moutons, chairs fraîches et salées, volailles, fromages, légumes de toutes sortes, etc., qui se pourront trouver.

XII. Faire garnir les ports de tous les bois de moules que l'on pourrait y faire descendre, ce qui serait fort aisé, et y amasser beaucoup d'avoines et de foin pour la cavalerie, paille hachée et non hachée; plus, quantité de vin, d'eau-de-vie, d'orge, de houblon pour faire de la bière, du sel en quantité suffisante pour l'usage ordinaire et pour les salaisons, et généralement tout ce que l'on pourrait avoir besoin et imaginer capable de pouvoir faire subsister cette grande multitude un an durant, et surtout avertir de bonne heure les chefs de familles et gens aisés de se fournir de moulins à bras, de fours, de blé, et de gouverner sagement leurs provisions pendant un siége, ne les consommant que très-à-propos.

XIII. Cela une fois établi, et la place munie de dix-huit cents à deux millions de poudre, quatre cents pièces de canon, de soixante à quatre-vingt mille mousquets et fusils dans les magasins, et d'autres armes à proportion, outre celles que les particuliers auraient chez eux; si dans un temps que toute la terre serait liguée contre vous, il arrivait que la frontière fût forcée et la ville en péril d'être assiégée, quelque malheur qui pût arriver à nos armées, et au surplus du royaume, il est probable qu'elle ne serait jamais tellement défaite, que le roi ne fût toujours en état de retirer vingt-cinq à trente mille hommes dans l'entre-deux des enceintes, auxquels Paris en pourrait joindre huit à dix mille d'assez bonnes troupes levées dans l'enclos de ses murailles, sans toucher à la garde ordinaire des bourgeois, qui ne laisserait pas d'aller son train; moyennant quoi, j'estime qu'il n'y a point dans la chrétienté d'armée, quelque puissante et formidable qu'elle pût être, qui osât entreprendre de bombarder Paris, et encore moins de l'assiéger dans les formes, vu premièrement qu'il ne leur serait pas possible de l'approcher d'assez près pour pouvoir tirer des bombes jusque dans l'enclos de la ville, à cause de la deuxième enceinte qui les tiendrait éloignés à trois grands quarts de lieues de la première; secondement, qu'il ne serait pas possible à une armée de deux cent mille hommes de la prendre par un siége forcé à cause de l'étendue de sa circonvallation, qui, ayant douze à treize grandes lieues de circuit, l'obligerait d'étendre fort ses quartiers, qui en seraient par conséquent affaiblis, et à se garder partout également sous peine de se voir enlever tous les jours quelqu'un ; troisièmement, qu'il ne pourrait entreprendre deux attaques séparées, puisque, pour pouvoir fournir à la garde des tranchées, il faudrait employer plus de trente mille hommes, sans compter les travailleurs et gens occupés aux batteries; quatrièmement, qu'on ne pourrait point le faire par deux attaques liées, attendu que, pour pouvoir fournir à la même garde, il y aurait tels quartiers qui auraient trois journées de marche à faire, et autant pour s'en retourner, ce qui les mettrait dans un mouvement perpétuel qui ne leur laisserait aucun repos; cinquièmement, que, le douzième ou quinzième jour de tranchée, pour peu qu'il y eût eu d'occasions, leurs forces seraient considérablement diminuées, et leurs troupes obligées de monter de trois à quatre jours l'un, auquel cas elles ne pourraient pas relever à cause de l'éloignement des quartiers ; à quoi il faut ajouter que les fréquentes sorties, grandes et petites, qui se feraient à toute heure et par de si grandes troupes, le grand feu qui sortirait des remparts et chemins couverts, et la grande quantité de canons dont elle pourrait se servir empêcherait les travailleurs de faire chemin, et réduirait ce siége à une lenteur qui, ayant bientôt épuisé leurs armées d'hommes et de munitions, les contraindrait à lever honteusement le siége.

XIV. De la prendre par famine, il ne sera pas possible non plus, vu que si la ville était pourvue, comme nous venons de le dire, elle aurait des vivres pour un an et plus, moyennant quoi il n'y a point d'armée qui pût subsister si long-temps devant Paris, parce qu'il est à présumer que la plupart des vivres qui se trouveraient à quinze lieues à la ronde, aussi bien que les habitans, auraient été retirés dans la ville. Je dis même que les armées qu'il y faudrait, pour y pouvoir simplement former un blocus, n'y pourraient pas subsister ce temps-là. Or, du moment qu'elles ne pourraient plus tenir la campagne, les assiégés seraient en état de s'y mettre, et de les aller chercher jusque dans leurs quartiers, qui, étant séparés et nécessairement éloignés les uns des autres, ne pourraient pas s'y maintenir. Que si, pour éviter ces inconvéniens, l'ennemi s'éloignait encore davantage, le pays s'ouvrirait, et pour lors, à moins que tout ne fût saccagé et les peuples exterminés, les moins éloignés ne manqueraient pas d'y apporter ce qu'ils pourraient par l'espérance du gain; ainsi Paris se soutiendrait facilement et sauverait le royaume, puisqu'il est bien sûr que tous les principaux habitans des moindres villes et de la campagne à plus de cinquante lieues à la ronde y réfugieraient ce qu'ils auraient de meilleur, et, loin d'être réduite au pouvoir de l'ennemi, elle donnerait moyen au roi de remporter de notables avantages sur lui, et au pis aller, de se tirer d'affaire par quelque traité qui pourrait même lui devenir avantageux, à raison de l'impossibilité que les ennemis verraient de la pouvoir forcer, et du mauvais état où de telles entreprises auraient réduit leurs armées.

XV. Au reste, bien que le temps qu'il faudrait employer à toute cette fortification, et la dépense nécessaire à sa construction paraisse d'abord très-considérable, cela n'irait pas si loin que l'on pourrait bien le penser, et j'estime qu'en se servant un peu du travail des troupes, on pourrait venir à bout de bâtir les *deux enceintes avec les citadelles et tous les bâtimens intérieurs et extérieurs qui leur pourraient convenir*, en douze années de temps bien employé; et que, pour la dépense, vingt-quatre millions pourraient suffire abondamment en bâtissant noblement avec toute la solidité requise à de tels ouvrages (1). Or, je ne fais pas grand cas d'une telle dépense,

(1) Les prix des ouvrages de maçonnerie et de terrassement étant aujourd'hui au moins triples de ce qu'ils étaient au temps de Vauban, les 24 millions de son projet en représentent bien 80 de notre monnaie. Mais si on en déduit les frais de réparation de l'ancienne enceinte, qui n'existe plus, et ceux des deux citadelles dont il ne peut pas être question, la dépense totale se trouvera réduite environ à moitié; et en effet, d'après un projet rédigé en 1819, pour une enceinte continue occupant

parce que l'argent ne ferait que circuler et revenir toujours au même point d'où il serait parti, sans qu'il sortît une pistole du royaume, n'étant pas ici question d'aucun ouvrier ni de matériaux étrangers; bien au contraire, le moellon, la pierre de taille, et de quoi faire la chaux se trouvent presque partout avec toute l'aisance possible.

En voilà assez pour faire concevoir l'idée qu'on doit avoir de la grandeur et conséquence de Paris par rapport à la guerre. C'est à ceux qui aimeront véritablement le roi et l'État, et qui se trouveront en situation convenable pour le pouvoir proposer, d'examiner à fond cette proposition; et si, après l'avoir bien examinée, on la trouve digne d'une sérieuse attention, de lui donner toute l'étendue qu'elle mérite; après quoi, si la résolution suit, il sera facile d'en faire le projet, et ce sera pour lors qu'il en faudra régler tous les dessins généraux et particuliers avec toutes les instructions nécessaires à leur exécution, auxquelles il faudra ajouter l'examen des propriétés de cette ville, le dénombrement de son peuple effectif; celui à peu près dont il pourrait augmenter en cas de siége, afin de diriger sur telles vues les bâtimens, les

précisément le même terrain que la seconde enceinte de Vauban, on a trouvé que la dépense des constructions n'excéderait pas 40 millions.

magasins et arsenaux qu'il y faudra faire. Ce dessein ne se pourra exécuter que dans une paix profonde, et après avoir réglé et affecté les fonds que le roi voudra annuellement y dépenser, desquels il ne faudra souffrir aucune distraction, pour quelque raison que ce puisse être. Je suis persuadé qu'il y faudra bien employer dix ou douze années de temps pour le pouvoir totalement finir.

Au surplus, je répète encore que la dépense de ces ouvrages n'est pas ce qui en doit rebuter le roi, puisqu'il n'en sortira pas une pistole du royaume : ce sera un argent remué aux environs de Paris, qui donnera à vivre à quantité de pauvres gens, et fera que les autres en paieront mieux la taille, parce qu'il s'y fera plus de consommation ; et pour conclusion, cet argent, faisant sa circulation un peu plus vite qu'à l'ordinaire, reviendra toujours à son centre beaucoup mieux que de toute autre façon.

NOUVELLE DÉLIMITATION

DES

DIVISIONS MILITAIRES.

PROPOSÉE PAR LA COMMISSION DE DÉFENSE, EN 1819.

La commission ayant établi un nouveau système complet de défense générale du royaume, il devenait nécessaire de coordonner la démarcation actuelle de divisions militaires avec ce système. Il était d'autant plus important de s'occuper de cet objet, prévu d'ailleurs par les instructions ministérielles, que lors de l'établissement de cette démarcation, et dans les diverses circonstances où elle a été modifiée, on ne l'avait fait coïncider qu'avec les délimitations administratives. Les relations fréquentes qui doivent exister entre les autorités civiles et les autorités militaires exigeaient sans doute ce rapprochement; mais comme il n'y avait point à cette époque de système général pour la défense de l'État, on ne connaissait ni l'organisation de la première zone défensive, ni l'emplacement des forces actives destinées à défendre cette zone. Le rassemblement des troupes, et par conséquent la formation des magasins, ne se faisaient qu'en ayant égard aux points accidentellement menacés. D'un autre côté, l'organisation partielle des frontières ayant été réglée plutôt sous les rapports de l'offensive que de la défense, rien ne déterminait les bases de concentration, qui deviennent, dans le cours des opérations, appuis de réserves, ensuite bases de manœuvres, et indiquent la position des magasins de première, seconde et troisième ligne. Enfin, les mouvemens stratégiques vers la Loire et au-delà achèvent de déterminer les bases de défensive, et l'emplacement des dépôts de la Loire et du pays outre-Loire jusqu'à Limoges.

En temps de paix, les garnisons n'étaient considérées que relativement aux localités favorables à une arme plutôt qu'à telle autre. Dans les places du premier ordre seulement, comme Metz et Strasbourg, qui, par leur grandeur, comportaient de grandes garnisons, et par conséquent la réunion de toutes les armes, des manœuvres connues sous le nom de *petites guerres*, mettaient de loin en loin les troupes en rapport les unes avec les autres, pour les faire agir suivant la manière dont elles doivent concourir à la guerre; mais ce n'était que sur un terrain circonscrit. En appliquant cette disposition de circonstance à l'étude de la défensive générale du royaume, les troupes des diverses armes pourraient être réparties sur toute l'étendue du territoire, suivant les bases défensives, en subordonnant toutefois leur remplacement au besoin des services publics et aux ressources des localités.

Les grands rapports stratégiques de la France étant connus et déterminés, la défense permanente fixée, l'emplacement des forces actives connu, les mesures administratives s'ensuivent nécessairement, et ne sont plus livrées au vague, à l'incertitude, à la précipitation, et quelquefois à des versemens et des reversemens qui augmentent les frais de transport et multiplient les déchets. La délimitation des divisions militaires étant établie d'après les mêmes bases de défensive générale, et les troupes placées en conséquence, les généraux et commandans seront en mesure d'étudier par eux-mêmes, ou avec le concours des troupes, les divisions qu'ils sont destinés à défendre, et seront en outre dans le cas d'indiquer les perfectionnemens dont cette défensive peut être susceptible. Tout sera donc, par ce moyen, arrêté et organisé, et l'ensemble des dispositions connu à l'avance de chacun de ceux qui doivent y concourir · avantage inappréciable qui ne laisse rien à l'arbitraire et facilite le meilleur emploi des moyens dont le gouvernement est forcé de disposer pour la sûreté comme pour la gloire du trône.

La commission ayant longuement débattu les élémens de cette démarcation militaire, plusieurs questions ayant été présentées et soumises à ses discussions, elle a arrêté finalement en principe :

1° Que la zone militaire fixée par l'ordonnance du 18 septembre 1816 doit en général être prise pour base de la délimitation en profondeur des divisions frontières ;

2° Que ces divisions ne doivent pas être trop étendues, afin que la surveillance soit active et immédiate ;

3° Qu'il doit être formé des divisions intérieures dans l'arrondissement desquelles soient comprises les places de dépôt et de retraite ;

4° Que les départemens ne doivent pas être morcelés ;

5° Que le nombre des divisions militaires doit être tel, qu'il permette d'employer, en temps de paix, la plus grande partie des officiers généraux qu'exigerait l'état de guerre, afin que ces commandans soient à même d'apprécier et d'étudier les frontières qu'ils seront appelés à défendre, et qu'ils aient l'occasion de connaître les divers corps de l'armée et d'en être connus.

L'ordonnance du roi, du 10 mai 1788, rendue peu de temps avant la révolution, et restée, par cette raison, inexécutée, avait senti l'avantage de tenir les généraux et les commandans de corps dans un rapport constant avec les troupes, et c'est ce qui se trouve développé dans le préambule de cette ordonnance : « Sa majesté, » y est-il dit, veut que ses troupes soient toujours dis- » posées à entrer en action, divisées, organisées, équi- » pées comme elles doivent l'être à la guerre, en sorte » que la paix soit pour elles une école constante de dis- » cipline et d'instruction, en même temps qu'elle sera » pour les officiers généraux une école de commande- » ment; que tous les détails de comptabilité et d'admi- » nistration soient soumis à une inspection éclairée et » continuelle. »

L'ordonnance dont on vient de parler n'avait pas porté ses vues plus loin que l'administration des corps, et l'exercice des régimens sous le rapport des manœu- vres ou de la tactique proprement dite; mais la commis- sion, par la nature de ses travaux, a jugé que les géné- raux et commandans devaient y joindre l'étude de la stratégie, ou l'application des positions et mouvemens des troupes à la configuration topographique et à l'orga- nisation militaire d'un pays : véritable moyen de se for- mer le coup d'œil si nécessaire à la guerre.

La commission, en adoptant le principe de la fixité de l'emplacement des troupes, quant au nombre et à l'espèce, a été d'avis de faire entrer, autant que possible, le casernement dans le système général de défense.

Il a été reconnu cependant que, pour les constructions futures, le casernement devait être établi sous le double rapport de l'administration civile et de l'administration militaire, le casernement qui existe devant intervenir comme base. On a reconnu aussi que les places fortes ne pouvaient entrer dans les élémens de cette démarcation que d'après leurs relations avec la défensive et non d'après leurs garnisons.

Quelque incontestables que soient les avantages de la fixité des garnisons de toutes armes, comme une pareille disposition touche de très-près à la haute administration de l'État, la commission se contente de l'indiquer et de la recommander, persuadée que les meilleurs résultats doivent s'ensuivre.

Il eût été à désirer que les directions du génie et de l'artillerie se trouvassent renfermées intégralement dans les divisions; mais ces directions étant soumises à des considérations spéciales, leur nombre et leur circonscription doivent rester dans les attributions des comités de ces deux armes. On peut néanmoins prévoir que les modifications qu'éprouvera la distribution des divers élémens matériels de la défense, nécessiteront par la suite des changemens dans ces directions; mais ils seront toujours essentiellement soumis aux considérations particulières à ces deux services.

La commission ne peut qu'émettre le vœu que lorsqu'il s'agira de procéder à ces nouvelles démarcations, on se rapproche, autant que cela sera praticable, de la grande circonscription des divisions militaires, indiquée par le tableau suivant :

DIVISIONS ANCIENNES.		DIVISIONS NOUVELLES.		MOTIFS DES CHANGEMENS
Nos	QUARTIERS-GÉNÉRAUX.	Nos	QUARTIERS-GÉNÉRAUX.	OPÉRÉS DANS LES DIVISIONS ANCIENNES.
1	Paris.	1	Paris.	Oter l'Aisne et l'Oise, ajouter l'Aube et l'Yonne. Il convient de joindre le département de l'Aisne à l'une des divisions frontières, puisque ce département est renfermé dans la première zone défensive. Le département de l'Oise peut également être retranché de la division de Paris, comme appartenant à la défensive de la Somme et à celle de la Manche.— On ajoute l'Aube et l'Yonne afin de former une division intérieure qui comprenne le bassin de la Seine.
2	Mézières.	4	Mézières.	Oter la Meuse, ajouter l'Aisne. Le département de l'Aisne, retranché de la première division militaire, doit faire partie de la deuxième, à laquelle il est convenable d'ôter le département de la Meuse, afin qu'elle ne soit pas trop grande.

3	Metz.	5	Metz.	Ajouter la Meuse. Le département de la Meuse s'unit fort bien à cette division, qui comprendra la défense des bassins de la Moselle et de la Meuse.
4	Tours.	20	Tours.	Oter Mayenne-et-Loire et la Mayenne, ajouter l'Indre. Les départemens de Mayenne-et-Loire et de la Mayenne font partie d'une division nouvelle, à laquelle l'embouchure de la Loire se rattache. Le département de l'Indre convient mieux à la division de Tours, qu'à celle dont Nevers sera le chef-lieu.
5	Strasbourg.	6	Strasbourg.	Reste la même. Il n'y a aucun changement à faire à cette division, qui est naturellement formée par le bassin du Rhin.
6	Besançon.	7	Besançon.	Oter l'Ain. Le département de l'Ain doit être ôté de cette division parce qu'il est éloigné du chef-lieu et qu'il appartient presque en totalité à la défense de Lyon.
7	Grenoble.	»	»	Supprimée. On supprime cette division parce que le département de l'Isère doit entrer, avec celui de l'Ain, dans la formation d'une nouvelle division frontière qui embrassera l'intervalle entre les Juras et les Alpes pour couvrir Lyon.
8	Marseille.	10	Sisteron, ou Marseille, comme chef-lieu d'administration.	Oter les Bouches-du-Rhône et Vaucluse, ajouter les Hautes-Alpes, les Basses-Alpes et la Drôme. Cette division devant être principalement formée des départemens qui comprennent la fron-

				tière des Alpes, on y ajoute les Hautes-Alpes, les Basses-Alpes et la Drôme, et on retranche Vaucluse et les Bouches-du-Rhône qui appartiennent à la frontière de la Méditerranée. Le chef-lieu de la nouvelle division sera à Sisteron, place où il y a une citadelle qui doit être la capitale militaire de cette frontière. Ses communications avec les Hautes-Alpes sont au surplus meilleures que celles de Grenoble.
9	Montpellier.	11	Nîmes, ou Avignon.	Oter le Tarn et l'Aveyron, ajouter les Bouches-du-Rhône et Vaucluse. Le quartier-général de cette division sera transféré à Nîmes ou à Avignon, point plus central et rapproché des communications sur le Rhône. Afin que cette division renferme la défense de la frontière de la Méditerranée, on lui donne les départemens des Bouches-du-Rhône et de Vaucluse, et on lui ôte ceux du Tarn et de l'Aveyron, qui sont sur le revers des montagnes opposées au littoral et qui ont peu de rapport avec la frontière maritime. Avignon, emplacement d'une réserve, est dans une position plus militaire que Nîmes. Cette dernière ville peut mériter la préférence sous d'autres rapports : le gouvernement prononcera.
10	Toulouse.	13	Toulouse.	Oter les Pyrénées-Orientales, l'Aude et les Hautes-Pyrénées, ajouter le Tarn et l'Aveyron. — On ajoute à cette division les départemens du Tarn et de l'Aveyron à cause de la facilité des communications, et on en retranche les départemens des Pyrénées-Orientales et de l'Aude qui doivent former une nou-

				velle division, et le département des Hautes-Pyrénées qui doit appartenir à Bayonne.
11	Bordeaux.	15	Bordeaux.	Oter les Basses-Pyrénées et les Landes, ajouter Lot-et-Garonne, le Lot et la Dordogne. — On ôte les Basses-Pyrénées et les Landes, qui doivent former une nouvelle division avec le département des Hautes-Pyrénées, et on ajoute les départemens de Lot-et-Garonne, du Lot et de la Garonne, qui font partie de la défensive de la Gironde.
12	La Rochelle.	16	La Rochelle.	Oter la Vendée et la Loire-Inférieure, ajouter la Charente. — On ôte la Vendée et la Loire-Inférieure, dont les communications avec La Rochelle sont difficiles et peuvent être interceptées dans les temps de troubles civils. On ajoute le département de la Charente qui en est rapproché. On croit devoir former une division dont le chef-lieu soit près des îles de Ré, d'Oleron et d'Aix, qui demandent une surveillance particulière. On en forme une autre de la Gironde, sans tenir néanmoins à mettre sous le même commandement les deux côtés de l'embouchure de cette rivière, dont la véritable défense ne commence qu'à Blaye et fort Médoc.
13	Rennes.	18	Rennes.	Reste la même. Il n'y a pas de changement à faire à cette division, qui comprend la défense du centre de la frontière de la Manche.

14	Caen.	19	Caen.	Reste la même. Il n'y a pas de changement à faire éprouver à cette division, qui comprend la défense du centre de la frontière de la Manche.
15	Rouen.	2	Rouen.	Ajouter l'Oise. — On ajoute le département de l'Oise afin d'agrandir cette division qui est petite, et parce que ce département appartient à la défense de la Somme et à celle de la Manche.
16	Lille.	3	Lille.	Reste la même. On ne fait aucun changement à cette division, qui, formée seulement de deux départemens, comprend la gauche du théâtre de la guerre sur la frontière du nord, et contient un grand nombre de places fortes.
17	Corse.	23	Ajaccio.	Reste la même. Cette division est obligée.
18	Dijon.	8	Dijon.	Oter les départemens de l'Aube et de l'Yonne. L'Aube et l'Yonne sont des affluens de la Seine. Les départemens auxquels ces rivières donnent leur nom se trouvent conséquemment dans des rapports plus directs avec Paris qu'avec Dijon.
19	Lyon.	9	Lyon.	Oter le Puy-de-Dôme et le Cantal, ajouter l'Ain et l'Isère. — On ôte le Puy-de-Dôme et le Cantal, qui n'ont que des relations éloignées avec Lyon, devenu chef-lieu d'une division frontière par l'addition de l'Ain et de l'Isère.

20	Périgueux.	21	Périgueux.	Oter la Charente, la Dordogne, Lot-et-Garonne et le Lot, ajouter la Haute-Vienne, la Creuse et le Cantal. — La défensive du pays outre-Loire, dont Limoges est le centre, indique la nécessité de la nouvelle délimitation de cette division.
21	Bourges.	22	Nevers.	Oter l'Indre, la Creuse et la Haute-Vienne, ajouter le Puy-de-Dôme. — On ajoute le Puy-de-Dôme, qui ne convient pas à Lyon, et on ôte les départemens de l'Indre, de la Creuse et de la Haute-Vienne, afin de composer une division intérieure qui renferme la Haute-Loire. Nevers deviendra le quartier-général de cette division.
		12	Perpignan.	Division nouvelle formée de l'Aude et des Pyrénées-Orientales, pour la défensive de la gauche de la frontière des Pyrénées.
		14	Bayonne, ou Auch, comme chef-lieu d'administration.	Division nouvelle formée de l'Aude, des Hautes-Pyrénées, des Basses-Pyrénées et des Landes, pour la défensive de la droite de la frontière des Pyrénées.
		17	Angers.	Division nouvelle formée de la Vendée, de la Loire-Inférieure, de Mayenne-et-Loire et de la Mayenne, pour la défensive de l'embouchure de la Loire.

BASES ADOPTÉES PAR LA COMMISSION DE DÉFENSE, EN 1819.

1° Qu'un front de frontière quelconque doit être considéré comme la base d'un grand triangle dont le sommet se trouve dans l'intérieur du royaume, au point où convergent les meilleures et les plus directes communications vers les extrémités de la base;

2° Que cette base du triangle soit l'enchaînement le plus serré possible des obstacles naturels avec les positions qui s'y appuient, et des forteresses et postes fermés qui y suppléent.

3° Que les extrémités ou principaux appuis de cette base soient les points les plus forts, afin que l'ennemi supérieur qui aurait transgressé cette base et rompu la chaîne ne puisse masquer ni poursuivre l'invasion, et manœuvrer dans l'aire du triangle sans découvrir ses flancs.

4° Que le point central ou sommet du triangle, véritable nœud des lignes d'opération défensives et divergentes vers la base, soit, par les avantages de la situation et par tous ceux que l'on peut y ajouter, tellement prémuni contre toute attaque de vive force, que l'ennemi, eût-il même coupé ses lignes de retraite, ne pût espérer de s'y établir.

POST-FACE.

Nous aurions désiré que cet ouvrage parût au moment même de la discussion sur les fortifications de Paris ; des obstacles indépendans de nous l'ont empêché : depuis qu'il a été composé, la question, devenue de plus en plus populaire, a été de nouveau discutée dans plusieurs ouvrages et journaux ; nous n'entreprendrons pas d'en faire l'analyse. Une nouvelle apologie du projet du gouvernement, par M. le capitaine Villeneuve, aide-de-camp du général Rogniat, a été distribuée à tous les députés. Cette apologie a été réfutée dans un article inséré *au Spectateur militaire* ; les raisonnemens du général Valazé, y sont heureu-